Katja Sundermeier
Die Simply Love® Strategie

Zu diesem Buch

»Männer sind bindungsscheu«, »Frauen klammern immer so«, »Ich verliebe mich grundsätzlich in Verheiratete«, »Meine Ansprüche sind einfach zu hoch«... 13 Millionen Singles gibt es in Deutschland, doch fast keiner von ihnen ist freiwillig allein – ein gefundenes Fressen für Blind-Date-Anbieter und Partneragenturen. Dabei sind es unbewußte Verhaltensmuster, die uns bei der Partnerwahl immer wieder in die gleichen Fallen tappen lassen, Enttäuschung inklusive. Wie aber können wir unser ganz persönliches inneres »Drehbuch« beeinflussen, unsere »Festplatte« neu formatieren? Wie unser Beuteschema austricksen? Katja Sundermeier, renommierte Psychotherapeutin, arbeitet seit 1995 mit Simply Love®, der Strategie, die Männer wie Frauen einfach und eigenverantwortlich zum Partner fürs Leben führt. Ihr Erfolgsmodell, das schon in zahlreichen Seminaren und Workshops erprobt wurde, jetzt auch in Buchform: mit konkreten Fallbeispielen, praktischen Übungen und spannenden Rollenspielen.

Katja Sundermeier, geboren 1966, machte sich nach ihrem Studium der Psychologie und mehrjähriger Tätigkeit in verschiedenen Kliniken für Psychosomatik 1992 als Psychotherapeutin, Coach und Managementtrainerin selbständig. Ihr erstes Buch »Die Simply Love® Strategie« hat aus vielen Singles Paare gemacht. Die Autorin lebt am Starnberger See und auf den Seychellen. Zuletzt erschien »Der Beziehungsführerschein. Mit Simply Love® auf Dauer glücklich«. Weiteres zur Autorin: www.simply-love.de

Katja Sundermeier
Die Simply Love® Strategie
Ihr Weg zur großen Liebe

Mit 46 farbigen Originalillustrationen von
Christiane Gerstung

Piper München Zürich

Für Jude

Ungekürzte Taschenbuchausgabe
Mai 2006
© 2004 Piper Verlag GmbH, München,
erschienen im Verlagsprogramm Kabel by Piper
Umschlag/Bildredaktion: Büro Hamburg
Heike Dehning, Charlotte Wippermann,
Alke Bücking, Daniel Barthmann
Umschlagabbildung: Christiane Gerstung
Satz: Christine Gerstung, München
Druck und Bindung: Clausen & Bosse, Leck
Printed in Germany
ISBN-13: 978-3-492-24710-8
ISBN-10: 3-492-24710-5

www.piper.de

Inhalt

Einleitung
- 9 Unsere tiefste Angst
- 10 Warum dieses Buch?
- 15 Ihre große Reise

Teil I – Die Welt des Singles
- 21 Der »Single an sich« und überhaupt
- 24 Warum sind Sie Single?
- 29 Frauen und Männer
- 31 Werbung
- 33 Wie funktioniert eigentlich Partnerwahl?
- 36 Das innere Drehbuch oder die innere Festplatte
- 46 Es gibt keine Schuld
- 51 Erstes Etappenziel
- 52 Freiheit

Teil II – Wie sieht Ihr inneres Drehbuch aus?
- 55 Ein Kind im Keller – Ihr Kellerkind
- 56 Mängel und Verletzungen der Kellerkinder
- 58 Entfernen der Halskrause
- 63 Widerstände
- 72 Die Lebensleinwand
- 95 Der Rucksack der Vergangenheit
- 117 Schwüre, Flüche und Beschlüsse
- 126 Schwarz oder Weiß
- 130 Der Liebescode
- 135 Zweites Etappenziel
- 136 Risiko

Teil III – Wir schreiben Ihr inneres Drehbuch um
139 Autobiographie in fünf kurzen Kapiteln
140 Simply Love®
144 Einwände
147 Der Nachbeelterungsprozeß
152 Das Wunder der Briefe
154 Verträge mit dem Kellerkind
155 Freunde und Partner um Hilfe bitten
157 So haben wir nachbeeltert
167 Drittes Etappenziel

Teil IV – Das Abschlußritual
171 Vorsicht, Falle!
174 Widerstände vor dem Finale
176 Achtung: Frühwarnsystem
179 Der Wendepunkt

Teil V – Erfolgsstorys
183 Erfahrungen mit der Simply-Love®-Strategie

Angekommen
193 Schlußwort
195 Simply Love® – Die Vision
196 Danksagung

Einleitung

Unsere tiefste Angst

Unsere tiefste Angst ist es nicht, ungenügend zu sein.
Unsere tiefste Angst ist es,
daß wir über die Maßen kraftvoll sind.
Es ist unser Licht, nicht unsere Dunkelheit,
das am meisten angst macht.
Wir fragen uns selbst: wer bin ich,
von mir zu glauben,
daß ich brillant, großartig, begabt und einzigartig bin?
Aber in Wirklichkeit – warum solltest du es nicht sein?
Du bist ein Kind Gottes.
Dein Kleinmachen hilft der Welt nicht.
Es zeugt nicht von Erleuchtung, sich zurückzunehmen,
nur damit andere Menschen um dich herum sich nicht
verunsichert fühlen.
Wir wurden geboren, um die Herrlichkeit Gottes,
die in uns liegt, auf die Welt zu bringen.

Sie ist nicht nur in einigen von uns, sie ist in jedem von uns!
Und indem wir unser eigenes Licht scheinen lassen,
geben wir anderen Menschen unbewußt die Erlaubnis,
das gleiche zu tun.

Wenn wir von unserer eigenen Angst befreit sind,
befreit unser Dasein automatisch die anderen.

Antrittsrede von Nelson Mandela 1994

Warum dieses Buch?

Schon als Kind konnte ich es – wie wohl jedes Kind – nicht ertragen, wenn meine Eltern sich stritten oder lieblos miteinander umgingen. Sie gaben doch vor, sich zu lieben. Oder paßten sie einfach nicht zusammen? Gab es noch einen anderen Grund? Wie ein Brandzeichen brannte sich diese Frage in mein Inneres. Und ich beschloß, es später einmal besser zu machen – ganz anders. (Daß dieser Beschluß aber nicht so einfach »mir nichts, dir nichts« in die Tat umzusetzen war, wußte ich damals noch nicht.)

Gleichzeitig hatte ich jedoch auch ein Gefühl, eine innere Stimme in mir, die sagte: Doch, es gibt diese Liebe, dieses Gefühl, das die Menschen wirklich verbindet, das einfach beflügelt, das Gefühl, das heilt, das vergibt, das schenkt, bedingungslos, das leicht ist und sein läßt, das Freiheit bedeutet und Frieden in einem selbst sowie in der ganzen Umgebung stiftet. So machte ich mich mit 17 Jahren auf die Suche, um Antworten auf mein Warum zu finden.

Nach dem Studium der Psychologie und mehrjähriger Tätigkeit in diversen Kliniken für Psychosomatik wurde ich mit Mitte 20 Therapeutin. Wie jeder Mensch inzwischen weiß, ergreift man diesen Beruf nicht, um der Menschheit einen Dienst zu erweisen, sondern ganz im Gegenteil, eher um sich selbst verstehen zu lernen und die Hintergründe zu begreifen, warum man so tickt, wie man tickt. Ich unterzog mich selbst zwei Therapien; eine war im Rahmen der Ausbildung vorgeschrieben, die andere absolvierte ich freiwillig. Vor mir war kein Beziehungsratgeber sicher, es gab kein Buch über die Liebe, das nicht in meinem Bücherregal stand, und doch mußte ich eigene Beziehungskonkurse erleben. All die Gefühle durchmachen, die Männer und Frauen als Singles erleben. Und das, obwohl ich es als Therapeutin doch eigentlich besser wissen mußte und auch besser machen sollte – doch auch ich habe schließlich ein Herz, das sich sehnte, das genauso verletzbar, ängstlich, wütend, eifersüchtig, traurig, hoffnungslos ... war wie das Ihrige.

Ich gelangte zu einer neuen Erkenntnis: Es kann doch eigentlich nicht im Sinne des Erfinders sein, daß wir erst eine Therapie machen müssen oder unzählige von Ratgebern lesen, die uns erzählen, daß

Frauen und Männer einfach nicht zusammenpassen, oder aber, was man an sich alles verändern muß, um zu einem anderen Menschen zu passen.

Warum sollte das so sein? Jeder wünscht sich Liebe, einen Partner, der einen liebt und versteht. Warum haben dieses Glück nur sehr wenige Menschen oder immer nur für eine gewisse Zeit? Heute wird jede zweite Ehe in der Stadt und jede dritte auf dem Land geschieden, von den täglichen Beziehungskonkursen ganz zu schweigen. Die Praxen der Psychologen sind voll – na, Gott sei Dank, könnte ich sagen, so werde ich wenigstens nicht arbeitslos. Doch darum geht es mir wirklich nicht. Ganz ehrlich: Mein Wunsch aus Kindertagen ist immer noch der gleiche geblieben, ich würde gern viel mehr Menschen glücklich und geliebt sehen, denn dieses Glück würde letztlich uns allen helfen.

Nur, warum will jeder Mensch diese Liebe, wenn die Liebe ein so kurzes Verfallsdatum hat?

> Weil Liebe unser Geburtsrecht ist,
> weil wir erst durch die Liebe zu dem Menschen werden, der wir tief im Innern sind,
> weil Liebe verbindet,
> weil Liebe heilt,
> weil Liebe das einzige Gut der Welt ist, das mehr wird, wenn wir es verschenken.

Und warum geht der Großteil der Menschheit dann so geizig damit um? Wo wir sie doch alle erleben wollen! Eine glückliche Beziehung, einen Partner, der einen liebt, eine erfüllte Sexualität, dieses Gefühl, das beflügelt ... und zwar für immer! Egal, wo wir sind, ob bei Freunden, im Biergarten, in anderen Ländern und selbst in anderen Kontinenten, überall unterhalten sich Menschen über ihre Beziehungen und warum diese nicht funktionieren, wer schuld daran ist, wohin man als Single gehen kann und wohin nicht, welches Magazin und welcher Chatroom am geeignetsten ist, um endlich seinem Traumpartner zu begegnen.

Ich spürte so oft Hoffnungslosigkeit, Enttäuschung, Mutlosigkeit, die Traurigkeit der Menschen und auch die große Sehnsucht, wenn sie über ihre Erfahrungen berichteten.

So suchte ich Antworten auf meine Fragen – die gleichen Fragen, die sich auch viele von Ihnen immer und immer wieder stellen.

Und ich fand die Antworten!

Meines Erachtens besteht unser Dilemma nicht darin, daß Frauen und Männer nicht zusammenpassen oder daß Menschen nicht den richtigen Partner finden, sondern einzig und allein darin, daß wir alle nicht wissen, wie wir ticken und warum – und wie unsere Partnerwahl funktioniert.

Wir glauben, wir seien Opfer des Schicksals und nur andere hätten einen Partner verdient und dürften sonntags verliebt durch den Stadtpark laufen.

Doch jeder von uns hat ein Geburtsrecht auf Liebe. Ich weiß, daß jeder von uns die Liebe bekommen kann, die er sich wünscht. Ich bin durch viele Höhen und Tiefen gegangen, habe viele Umwege gemacht und bin endlich angekommen. Wollen Sie das auch?

Als mich eine Freundin fragte, ob ich Lust hätte, für eine Gruppe von Single-Frauen ein Seminar zu halten, willigte ich sofort ein. Das Ergebnis des Seminars bestätigte meine Überzeugung, denn schon ein halbes Jahr danach war eine der Teilnehmerinnen wieder glücklich in einer Partnerschaft mit einem Mann, dem sie vorher niemals eine Chance gegeben hätte. Christine ist Journalistin, und so berichtete sie einige Wochen später in der Marie-Claire über das Seminar. Nach Erscheinen dieses Artikels überschlugen sich die Ereignisse: Ich erhielt in den folgenden vier Wochen sage und schreibe 600 Anfragen zu dieser Veröffentlichung. Was Wunder, haben wir doch in Deutschland mittlerweile rund 13 Millionen mehr oder weniger unfreiwillige Singles, die auf der Suche nach ihrem Traumpartner sind, wenngleich sie sich das nicht immer eingestehen wollen.

Bei meinen Recherchen bestätigten 99 Prozent der Befragten, daß sie sich einen Partner und eine Partnerschaft wünschen.

Allerdings glauben viele von ihnen nicht mehr so recht daran.

In den nächsten eineinhalb Jahren waren meine Seminare Wochenende für Wochenende ausgebucht. Seit damals halte ich mit großem Erfolg Single-Seminare, ein Seminar zum Thema »Der Beziehungs-Führerschein« und noch einige mehr ab.

Bei meinen Therapien empfand ich stets ein Gefühl der Hilflosigkeit, und es machte mich auch wütend, als Klientin so wenig aus mir selbst heraus verändern zu können. Ich entwickelte also ein praktisches alltagstaugliches Arbeitsmodell, die Simply-Love®-Strategie, die jeder Mensch leicht verstehen und nachvollziehen kann. Einen Wegbereiter, der mich und viele andere Menschen in eine glückliche Partnerschaft führte und hoffentlich noch viele dorthin führen wird.

In den letzten acht Jahren habe ich mit Hunderten von Menschen nach dieser Strategie gearbeitet. Die Praxis bestätigt mir täglich, wie schnell sie dauerhafte Veränderungen bringt und daß jeder diese Strategie für sich nutzen und einfach anwenden kann.

Ziel meines Buches und meiner Arbeit ist es, Ihnen folgendes zu vermitteln:

> Sie **verdienen** einen Partner, mit dem Sie glücklich sind.
> Auch für Sie gibt es den **passenden** Partner.
> Sie können aus Ihrer Hoffnungslosigkeit heraus wieder **Mut** schöpfen.
> Männer und Frauen **passen** durchaus **zusammen**, und es muß keine unaufhaltsame Entwicklung sein, daß immer mehr Menschen Singles werden und bleiben.
> Wie Sie alte Enttäuschungen und Verstrickungen **auflösen** und **verabschieden**.
> Wie Sie es schaffen, negative Muster durch neue **positive Muster** zu ersetzen.
> Daß die Partnerwahl nach **logischen Gesetzmäßigkeiten** erfolgt.

> Ihre Liebe und Partnerschaft sind nicht vom Zufall abhängig – Sie können die **Verantwortung** für Ihr (Liebes)leben und dessen Gelingen selbst übernehmen.
> Ich möchte Ihnen Hilfe zur **Selbsthilfe** geben, so daß Sie sich mit Spaß und Lust »Ihrem Problem« stellen können.
> Wie Sie Ihr Herz öffnen können, damit Sie erfahren, daß es etwas Wundervolles ist, zu **lieben** und **geliebt** zu werden.

Ich gebe Ihnen mit diesem Buch ein Arbeitsmodell an die Hand, und ich **garantiere** Ihnen, wenn Sie es anwenden, wird es Ihr Leben verändern. Doch die Betonung liegt auf **anwenden**! Das kann Ihnen niemand abnehmen.

Ich habe dieses Buch aufgebaut wie ein Seminar. Wir schauen uns gemeinsam die folgenden Punkte und Fragen an:

> Was bringe ich mit, wo stehe ich gerade?
> Wie sieht mein »Lebensdrehbuch« beziehungsweise meine »Festplatte« aus?
> Wo will ich hin?
> Was hat mich in der Vergangenheit behindert?
> Wie kann ich meine Ziele erreichen?
> Erfolgsstorys

Sie werden durch einfache, aber witzige und spannende Übungen selbständig die für Sie wichtigen Erkenntnisse erhalten und Lösungen erarbeiten können. Oder wollen Sie weiter nach dem Motto: »Laß ihn zischen, nimm 'nen Frischen« durchs Leben reisen?

Ich weiß aus Erfahrung, daß es vielen Menschen unangenehm ist, Dinge über sich selbst niederzuschreiben oder Übungen in Büchern zu machen. Ich garantiere Ihnen, daß Sie der Liebe Ihres Lebens begegnen werden. Ich habe praktisch ein Handbuch für Sie geschrieben, um das Programm auf Ihrer Festplatte beziehungsweise Ihr Lebensdrehbuch umschreiben zu können – halten Sie sich bitte an das Handbuch. Ich bin Ihre Reiseleiterin und möchte nicht, daß Sie sich im Drehbuch-Dschungel verlaufen.

Sollten Sie jedoch einen noch einfacheren Weg finden, wäre ich sehr froh, wenn Sie diesen mit uns allen teilen würden.

Keine Angst, Sie sind kein »Sonderfall« – auch Sie können Ihr Ziel mit diesem Buch erreichen. Es wird Ihnen Spaß machen, Sie werden Zusammenhänge erkennen, und Ihr Einsatz wird sich lohnen. Sie werden aus Ihrem »Lebensdrehbuch« die große Love-Story machen!

Und Sie werden genau wie ich die Liebe, den Partner oder die Partnerin für Ihr Leben finden.

Ihre große Reise

Stellen Sie sich vor, Sie wollen verreisen. Warum haben Sie gerade dieses Ziel gewählt? Weil Sie es schon kennen, weil Ihnen jemand erzählt hat, daß es dort schön sei? Weil es billig ist, weil es Sie reizt, etwas Neues zu entdecken? Weil Sie vor unbekannten Urlaubszielen Angst haben? Erst wenn Sie wissen, wohin Sie wollen und warum Sie dieses Ziel gewählt haben, können Sie mit Ihren Urlaubsvorbereitungen beginnen – oder? Es ist schon ein großer Unterschied, ob Sie nach Sylt fahren oder eine Trekkingtour durch den Dschungel Papua-Neuguineas planen. Wollen Sie gefordert werden, sind Sie bereit, Neues zu lernen – etwa eine andere Sprache? Möchten Sie etwas erleben, sich wirklich auf Unbekanntes einlassen, oder muß dann doch wieder das gewohnte Schnitzel auf den Tisch? Wie gehen Sie mit Problemen um, die auftauchen können? Sind Sie dafür gewappnet?

Ich vergleiche die Suche nach dem »richtigen Partner« gern mit einer Reise, die wir in unserem Leben unternehmen wollen. Sie entscheiden, ob Sie überhaupt reisen wollen, wohin, wann, was Sie von Ihrer Reise erwarten und was Sie investieren wollen.

Wie haben Sie in der Vergangenheit Ihre Reisen geplant? Sind Sie einfach drauflosgefahren, oder haben Sie sich in die Schlange an den Last-Minute-Schalter des Flughafens gestellt nach dem Motto »Hauptsache, weg«? Oder gehören Sie eher zu den Menschen, die ihren Urlaub minutiös bis ins letzte Detail planen und dann schnell die Beschwerdeliste bei der Hand haben, um sich vom Urlaubsort aus schon bei Ihrem Reiseveranstalter zu beklagen? Oder sind Sie der Typ »Pool noch im Bau – Hotel überbucht«, na, dann schauen wir mal, was wir noch daraus machen (der Bart muß ab – braune Socken konnte ich noch nie leiden – du wirst Autorennen noch lieben lernen)? Nicht unüblich ist auch die Kategorie, die ein Doppelzimmer bucht, in dem schon eine andere Person wohnt (na, klingelt's?). Es soll auch vorgekommen sein, daß Reisende eine Trekkingtour durch den Himalaja gebucht haben und dann keine Bergschuhe im Rucksack hatten. Und dann gibt es noch den »Reisenden«, der gar nicht reist und sagt, daß er lieber daheim bleibt, weil er kein Geld, keine Zeit oder einfach keine Lust hat (der Arme!). Vielleicht reisen Sie gern, finden aber niemanden, der mit Ihnen fährt (wie viele Millionen Menschen leben in Deutschland?), oder Sie haben nur Freunde, die gern einen Erholungsurlaub machen, während Sie selbst lieber eine Abenteuerreise machen würden? Und nicht zu vergessen die Gruppe derer, die schlichtweg Angst vor dem Unbekannten hat und sicherheitshalber lieber daheim bleibt. Wer kennt nicht den routinierten Traveller, der schon überall war, oder die Menschen, für die Urlaub immer nur Streß bedeutet. Und zu guter Letzt ist da noch unser Urlauber, der sich immer wieder aufs Neue auf jede Reise freut (Verlieben macht Spaß). Im Zeitalter des Internet kommt noch die Spezies dazu, die gern auf jeder Insel ein Eisen im Feuer hat, sicherheitshalber mal überall reserviert, um dann zu schauen, wo sie am günstigsten wegkommt.

In den vielen Jahren meiner Praxistätigkeit mit Singles habe ich immer wieder festgestellt, daß Menschen mehr Gedanken und Zeit darauf verwenden, ihren Urlaub zu planen, als sich Gedanken über das Thema Beziehung und Partnerschaft zu machen. Dies soll keine Kritik sein; ich habe lediglich den Eindruck, daß die Überzeugung in unserer Gesellschaft sehr verbreitet ist, wir hätten keinen Einfluß auf unser Herzensglück und die Liebe sei einzig und allein vom Zufall abhängig.

Beide Reisen – die an einen anderen Ort genauso wie die zu einem Partner – haben gemeinsam, daß Sie sich erst einmal darüber klarwerden müssen, ob Sie überhaupt reisen wollen. Danach ist zu klären, über welche Ressourcen Sie verfügen und von wo aus Sie starten wollen. Nachdem Sie dieses geprüft haben, kann die Festlegung des Ziels beginnen und dann erst die Reiseplanung.

Es sei denn, Sie gehören zu der schon beschriebenen Gruppe, die sagt: »Einfach weg – egal wohin«. Das entspräche der Aussage: »Egal welchen Partner ich bekomme, Hauptsache, ich habe überhaupt einen.«

Wollen Sie mit mir Ihre Reise planen, hin zu der großen Liebe Ihres Lebens – zu Ihrem Partner beziehungsweise Ihrer Partnerin? Es ist Ihre Entscheidung. Wenn ja, dann lassen Sie uns nun gemeinsam Ihren Standort bestimmen und prüfen, über welche Ressourcen Sie verfügen.

Teil I
Die Welt des Singles

Der »Single an sich« und überhaupt

In Deutschland gibt es 13 Millionen Singles, und Sie sind einer davon! Sie sehen, Sie stehen mit Ihrer Situation nicht allein da. Ehrlich gesagt, kann ich mich immer noch nicht mit diesem Begriff anfreunden, und vielen meiner Seminarteilnehmer ergeht es ähnlich. Wieso wurde überhaupt ein Begriff geprägt, der deutlich nach außen signalisiert »Ich bin allein«? Wobei es natürlich (!) der Normalfall zu sein hat, daß wir in einer Beziehung leben, um der Gesellschaft zu zeigen »Ich bin o. k.«. Denn wenn wir o. k. sind, dann haben wir auch einen Partner, und – umgekehrt – wenn wir einen Partner haben, dann sind wir o. k.! Sie kennen sicher diese Sprüche, die besagen, wer ab einem bestimmten Alter noch Single sei, mit dem müsse ja wohl irgend etwas nicht stimmen.

Es gibt mittlerweile zahllose Studien, die detailliert belegen, daß ein Single mehr Geld ausgibt als Menschen, die in einer Partnerschaft leben. Das fängt schon bei Dingen an, die »im Doppelpack« einfach günstiger sind, wie zum Beispiel Miete und andere fixe Kosten. Darüber hinaus hat der Single emotionale Defizite in bezug auf Zuwendung, Zärtlichkeit oder Geborgenheit und versucht, dies durch materielle Dinge zu kompensieren. Der Single ist im allgemeinen auch häufig auf der Pirsch, so daß er öfter in Restaurants und Gaststätten anzutreffen ist als andere Menschen. Es ist halt viel weniger langweilig – wenn auch viel teurer –, als zu Hause selbst zu kochen oder dort einen Drink zu sich zu nehmen. Der Single ist öfter krank, oft unglücklich, und vor allem stirbt er früher.

Es gibt unterschiedliche Kategorien von Singles: den Single, der unglücklich mit seiner Situation ist und diese verändern möchte. Den Single, der überzeugt ist, es sei besser für ihn, allein zu bleiben, und der gern und freiwillig diese Lebensform wählt (seien Sie froh, daß Sie mir bisher nicht begegnet sind – ich glaube Ihnen nämlich nicht!). Den Single, der beschlossen hat, das Leben erst mal allein auszutesten. Den Single, der über ein perfekt funktionierendes soziales Netzwerk verfügt, sich in die Arbeit und in Freizeitaktivitäten stürzt und gar nicht bemerkt, daß er Single ist. Und denjenigen, der zwar in einer Beziehung ist, sich aber trotzdem allein fühlt.

Ja, der Single ist ein »gefundenes Fressen« für die vielen Anbieter von Single-Events wie Blind-Date-Dinner, Single-Reisen und Single-Tanzkurse – von den vielen Partner-Agenturen, Internet-Vermittlern und Sendungen in Funk und Fernsehen ganz zu schweigen.

Bitte verstehen Sie mich nicht falsch! Ich sage nicht, daß ich alle diese Veranstaltungen und Institutionen mißbillige; natürlich sind dies Wege, der Traumfrau oder dem Traummann zu begegnen, doch wie sieht die Realität denn wirklich aus? Wird nicht mit der Not der Menschen, die sich allein fühlen, die sich genau wie Sie nach einem Partner sehnen, sehr viel Geld gemacht?

Als mir ein Klient erzählte, daß er bei einer Partneragentur 20 000 Euro für die Vermittlung einer Dame gezahlt hat, wollte ich meinen Ohren nicht trauen. Es ist in Ordnung, daß es Menschen gibt, die anderen helfen wollen, einen Partner kennenzulernen, und dafür Geld bekommen. Das Fatale ist nur, daß sich – wie bei meinem Klienten –, nachdem die rosarote Brille in den Gulli gefallen ist, häufig die gleichen Probleme einstellen wie in früheren Beziehungen. Mein Klient war dann aber ehrlich genug, sich und mir einzugestehen, daß er viel zu lange an der Beziehung festgehalten hatte, da sie ihn schließlich viel Geld gekostet hatte. Und so ergeht es tagtäglich zahllosen Menschen auf der Suche nach dem Partner ihres Lebens – Gott sei Dank bezahlen nicht alle soviel dafür.

Seien Sie ehrlich: Haben Sie sich schon einmal die folgenden Fragen gestellt?

> Warum bin ich eigentlich Single?
> Was trage ich selbst zu meinen Beziehungskonkursen bei?
> Wieso gerate ich immer wieder an die / den »Falsche/n«?
> Was kann ich tun, damit mir das nicht wieder passiert?
> Kann ich überhaupt etwas tun?
> Wann weiß ich, ob es der Richtige / die Richtige ist?
> Was kann ich tun, damit es mit der Liebe fürs Leben beim nächsten Mal klappt?

Auf all diese und viele andere Fragen gibt Ihnen dieses Buch eine Antwort.

Die meisten Menschen glauben, daß Liebe vom Zufall abhängig ist und sich daran nichts ändern läßt. Ich werde Ihnen beweisen, daß dem nicht so ist. Sie haben Ihr Glück und Ihre Liebe selbst in der Hand.

Vielleicht fragen Sie sich auch, warum gerade ich dieses Buch schreibe und Ihnen auch noch garantiere, daß Sie nach der Lektüre der großen Liebe Ihres Lebens begegnen werden – tue ich dies nicht ebenso nur, um Geld zu verdienen und weil es sich gut macht, als Therapeutin auch mal ein Buch geschrieben zu haben? Ich bin selbst durch Beziehungskonkurse gegangen, war unglücklich, fühlte mich allein, wünschte mir den Partner an meiner Seite – ich kann nachvollziehen, wie es Ihnen geht.

Mein Wunsch ist, daß auch Sie der großen Liebe Ihres Lebens begegnen!

Mein größter Erfolg in all den Jahren meiner therapeutischen Arbeit war und ist zu sehen, in welch kurzer Zeit sich bei den Teilnehmerinnen und Teilnehmern meiner Seminare Erfolge einstellen. Wie sich bei einem Seminar in drei Tagen Gesichter völlig verändern, die Menschen wieder zu strahlen beginnen und neue Hoffnung schöpfen. Die vielen positiven Rückmeldungen: »Ich habe mich verliebt«, »Wir haben uns verlobt, haben geheiratet«. Erst vor kurzem erhielt ich aus der Schweiz die Nachricht, daß eine Seminarteilnehmerin schwanger ist und überglücklich.

Es gibt so »Wunder«-volle Geschichten. Eine Teilnehmerin traf auf der Rückreise von Österreich (dort halte ich für gewöhnlich meine Seminare ab) nach Hamburg einen Mann aus London, der zuvor niemals in ihr »Beuteschema« gepaßt hätte – und lebt nun seit fünf Jahren glücklich verheiratet mit ihm in London.

Während der Zeit, als ich an diesem Buch arbeitete, wollte ich eigentlich keine Seminare halten. Als sich aber in einem Monat die Anfragen häuften, beschloß ich spontan, ein Seminar bei mir zu Hause zu veranstalten. Drei Tage später klingelte es an meiner Haustür, und eine Frau fragte mich, ob ich Manfred X. kenne, den sie während seines Seminaraufenthaltes abends beim Fahrradfahren kennengelernt hätte. Sie wollte ihn gern wiedersehen und bat mich, den Kontakt herzustellen. Seit dieser Zeit sind die beiden ein Paar.

Ich möchte Ihnen Mut machen, sich zusammen mit mir auf eine Reise zu begeben und die Liebe nicht mehr dem Zufall oder irgendwelchen Agenturen zu überlassen. Sie haben Ihr Glück selbst in der Hand, und ich werde Ihnen dabei helfen, es zu finden.

Da draußen wartet schon jemand auf Sie, ja – genau auf Sie!
Es wird Zeit, daß Sie sich sichtbar machen ...

Ich beginne meine Single-Seminare immer mit folgender Frage:

Warum sind Sie Single?

Verblüffend ähnlich sind die Antworten, von denen mich manche immer wieder traurig machen, weil sofort spürbar wird, wieviel Leid ein Mensch da schon ertragen mußte. Glauben Sie mir, selbst diejenigen, die erklären, daß sie überzeugte Singles sind, sitzen nicht gern an Weihnachten allein vor dem Tannenbaum oder stoßen an Silvester mit sich selbst an. Der Mensch ist nun wirklich nicht dazu geboren, sein Leben allein zu verbringen! Wir alle sehnen uns nach jemandem, der uns liebt, uns nah ist und dem auch wir unsere Liebe schenken können. Und weil das so ist und weil das auch gut so ist, haben Sie sich auf den Weg gemacht, dieser Liebe und diesem Partner zu begegnen.

Ich habe Ihnen hier eine Auswahl der Antworten auf meine Frage zusammengestellt:

Ich bin Single, weil
> ich immer noch nicht den richtigen Partner gefunden habe,
> ich zu hohe Ansprüche habe,
> ich Angst vor einer Enttäuschung habe,
> ich mich selbst nicht mag, wie ich bin,
> ich in Beziehungen immer großen Freiraum für mich brauche,

- ich noch nie wirklich geliebt worden bin,
- mich sowieso keiner will,
- ich allein viel besser lebe als zu zweit,
- mir Männer / Frauen angst machen,
- Männer nie an einer Partnerschaft arbeiten wollen,
- Männer Angst vor starken Frauen haben,
- immer nur ich zu Kompromissen bereit bin,
- ich mich sonst immer um meine Partnerin / meinen Partner kümmern und meine eigenen Bedürfnisse vernachlässigen muß,
- eine Beziehung mehr Probleme und ungute Gefühle verursacht, als Spaß bringt,
- es keine Männer gibt, die mutig, stark, offen, sportlich, erotisch und gleichzeitig zärtlich und verständnisvoll sind,
- es keine attraktiven, intelligenten Frauen gibt, die häuslich und nicht karriereorientiert sind,
- die Menschen, die noch nicht vergeben sind, langweilig und durchschnittlich sind,
- sich nur die Häßlichen, die sonst niemanden abkriegen, für mich interessieren,
- die Partner/innen, für die ich mich interessiere, selbst zu anspruchsvoll sind und nicht ausgerechnet mich wollen,
- es in meinem Ort keine interessanten Singles gibt,
- ich kein Vertrauen in das andere Geschlecht habe,
- ich nicht sehr kontaktfreudig bin und nur schwer jemanden kennenlerne,
- ich überhaupt keine Zeit habe,
- es kaum Gelegenheiten gibt, jemanden kennenzulernen,
- ich Nähe schlecht aushalten kann,
- der andere mich aussucht und nicht umgekehrt, wenn ich jemanden kennenlerne,
- ich mich nicht mehr binden will, da ich so oft schon enttäuscht worden bin,
- ich es einfach nicht schaffe, mich zu verlieben,
- ich mich mit den Partnern, die ich kennenlerne, nicht wirklich austauschen kann,

- > Beziehungen mich einengen,
- > ich zu dick / zu dünn bin,
- > die Partner, die ich kennenlerne, immer zu weit weg wohnen,
- > ich mich immer in verheiratete / fest liierte Menschen verliebe,
- > ich keine Kinder will, aber immer nur Frauen / Männer kennenlerne, die Kinder wollen oder bereits haben,
- > mögliche Partner sich nicht für meine Hobbys interessieren,
- > ich nicht der Typ bin, der in Kneipen geht,
- > ich nicht mehr an die romantische Liebe glaube, die vergeht ja sowieso irgendwann,
- > die Partner, die ich kennenlerne, meist kein Geld haben und ich dann immer zahlen muß,
- > ich so oft betrogen worden bin und kein Vertrauen mehr aufbauen kann,
- > ich immer verlassen werde, wenn ich meine Gefühle ehrlich und offen zeige,
- > ich Spaß haben möchte, mich aber nicht auf eine Beziehung einlassen will – trotzdem lerne ich nur Partner kennen, die gleich wieder etwas Festes wollen,
- > ich schon ab und an Potenzprobleme hatte und mich jetzt nicht mehr traue, eine Beziehung einzugehen,
- > mir mein Beruf sehr wichtig ist und ich nicht weiß, wie ich die Ansprüche meines Partners und meine Arbeit unter einen Hut bringen kann – das gibt nur Streß, das muß ich mir nicht antun.

Ich bin überzeugt, auch Sie konnten sich in dem einen oder anderen Zitat meiner Seminarteilnehmer wiederfinden. Egal aus welcher sozialen Schicht, aus welcher Position heraus die Menschen zu mir kommen, egal welchen IQ oder welchen Job sie haben – in unterschiedlichen Formulierungen wiederholen sich diese Sätze immer und immer wieder. Sie sind also nicht allein mit Ihrer Einstellung sich selbst gegenüber, in bezug auf Partnerschaften, Männer oder Frauen. Am Anfang des Seminars spüre ich immer eine große Nervosität und auch Hoffnungslosigkeit bei den Teilnehmern. Jeder glaubt, nur er habe Ängste und sei seinen Gefühlen hilflos ausgeliefert und alle anderen würden ihre Probleme gekonnt meistern. Wenn dann die ersten Sätze vorgelesen werden, beginnt ein Raunen und Wundern: Sooo hätte ich den anderen ja nie und nimmer eingeschätzt!

Und nun schreiben Sie bitte auf, warum Sie Single sind.

Ich bin Single, weil

Sie haben nun erste Antworten auf die Frage gefunden, warum Sie Single sind. Lassen Sie mich nun noch eine Frage stellen:
Glauben Sie wirklich, daß Sie ein Opfer der Umstände sind oder daß irgend jemand Sie – ja genau Sie – dazu bestimmt hat, keinen Partner zu haben?

Schauen wir uns doch mal einige der Antworten an:

»Mich will sowieso keiner« – *Es gibt weltweit Milliarden von Menschen! Ist da wirklich keiner dabei, der Sie wollen könnte?*

»Ich habe Angst vor einer Enttäuschung« – *Wieso setzen Sie Partnerschaft mit Enttäuschung gleich? Sie könnten doch auch den Himmel auf Erden erleben.*

»Ich habe einfach keine Zeit« – *Jeder von uns bekommt jeden Tag 24 Stunden geschenkt. Woher nehmen die anderen die Zeit für eine Partnerschaft, die auch nicht mehr Stunden zur Verfügung haben als Sie?*

»Ich lerne immer nur den Falschen kennen« – *Wieso suchen Sie sich eigentlich nicht den Richtigen?*

Wenn Sie jetzt vor mir säßen, würden Sie mir vermutlich sagen, daß dies eben die Erfahrungen sind, die Sie persönlich gemacht haben. O. k., ich verstehe. Und warum haben gerade Sie diese Erfahrungen gemacht? Wieso ist das in Ihrem Leben so und nicht anders? Weshalb sind es immer die anderen, die den richtigen Partner haben, und nicht Sie? Warum glauben Sie all diese Dinge über sich und Ihr Beziehungsleben? Woher stammt diese Überzeugung?

Manches, was ich hier schreibe, mag sich hart und nicht gerade motivierend anhören, doch ich möchte den Vorhang lüften und Ihnen begreiflich machen, daß Sie kein Opfer der Umstände sind. **Daß es nicht Ihre Schuld oder Ihr Versagen ist, wenn Sie bisher noch nicht den »Richtigen« gefunden haben.** Daß es für all Ihre (leider oft schmerzlichen) Erfahrungen einfache Erklärungen gibt und daß Sie Ihr Leben verändern können – wenn Sie wollen.

Frauen und Männer

Aufgrund all der Erfahrungen, die Sie bisher mit dem anderen Geschlecht gemacht haben, ist in Ihnen ein Bild, ein Glaube über das andere Geschlecht entstanden. Damit Sie Ihren Glaubenssätzen leichter auf die Spur kommen, lesen Sie hier einige Beispiele:

Glaubenssätze über Frauen:
> Frauen sind unselbständig.
> Frauen wissen nicht wirklich, was sie wollen.
> Frauen können nicht Auto fahren.
> Frauen können nicht abstrakt denken.
> Frauen sind anstrengend.
> Frauen kaufen ständig Kleidung.
> Frauen sind wahnsinnig eitel.
> Frauen nörgeln ständig rum.
> Frauen sind ständig krank.

Glaubenssätze über Männer:
> Männer gehen fremd.
> Männer helfen nicht im Haushalt.
> Männer wollen und können nicht über Gefühle reden.
> Männer wissen alles besser.
> Männer gehen lieber in die Kneipe als ins Theater.
> Männer sind unsensibel.
> Männer hören nie zu.

Hier sei natürlich erwähnt, daß es Gott sei Dank auch positive Glaubenssätze gibt – doch die brauchen wir ja nicht zu verändern.

Überlegen Sie nun bitte, was Sie über Männer beziehungsweise Frauen denken.

Schauen wir uns Ihre Glaubenssätze über das andere Geschlecht nun einmal genauer an. Sind Frauen beziehungsweise Männer wirklich so? Sie werden jetzt sicherlich sagen: »Ich kenne genügend Frauen/Männer, die meine Meinung teilen, schließlich haben wir es exakt so erlebt.« Aber glauben Sie zum Beispiel ernsthaft, daß Männer nicht über ihre Gefühle reden können? Von 30 Millionen Männern in Deutschland soll also keiner in der Lage sein, über seine Gefühle zu reden? Und 30 Millionen Frauen sollen etwa zickig sein? Liegt es nicht eher daran, daß Sie mit Ihrer Überzeugung die Freunde und Freundinnen anziehen, die zu Ihrer Einstellung passen und die mit Ihnen ins gleiche Horn blasen? Sie wollen doch nicht wirklich weiterhin nach dem bekannten Muster der »self-fulfilling prophecy«, der sich selbst erfüllenden Prophezeiung, herumlaufen und immer wieder Mr./Mrs. Wrong kennenlernen wie bisher, oder? Ich bezeichne solche Freundschaften als eine Art negative »Selbsthilfegruppe« und empfehle Ihnen, diese Seilschaften aufzulösen und sich auch für die Menschen zu öffnen, deren Glaubenssysteme sich von Ihren unterscheiden.

Warum sollten Männer so werden wie Frauen, und warum sollten Frauen ihre Fähigkeiten verraten und bessere Männer werden? Warum sollten wir nicht gemeinsam erforschen, was einer vom anderen lernen kann?

Uns öffnen für ein reales Erleben des anderen Geschlechts, des Menschen, der dahinter steht. Ich glaube, daß jeder Mensch einzigartig ist. Und ich weiß, daß es mir jedesmal wieder aufs neue Spaß macht herauszufinden, wer mir denn da begegnet:
Wer ist diese Frau?
Wer ist dieser Mann?

Womit wir beim Thema »Werbung« wären.

Werbung

Jedes Produkt will vermarktet werden. Gekonnte Marketing-Aktionen bestimmen den Erfolg. Im übertragenen Sinne tragen auch Sie tagtäglich ein Werbeplakat mit sich herum.
    Leider ist den meisten Menschen nicht bewußt, was dort in riesigen Lettern zu lesen ist, zum Beispiel:

> Ich finde nie den Richtigen.
> Ich habe nie Zeit.
> Männer gehen fremd.
> Mich findet ohnehin keine Frau gut.
> Ich verliebe mich immer in den falschen Partner.
> Ich habe schon so viele Enttäuschungen erlebt.
> Es ist besser, man bleibt allein.
> Wenn ich nur ..., dann bekomme ich bestimmt eine Frau / einen Mann.

    Mal ganz ehrlich, glauben Sie, irgendein Produkt ließe sich mit diesem Werbeslogan verkaufen?
    Haben Sie sich schon mal überlegt, mit welchem Aushängeschild Sie so herumlaufen? Nehmen Sie sich einen Augenblick Zeit, und stellen Sie sich vor, Sie würden aus den Aussagen darüber, warum

Sie Single sind, und Ihren Glaubenssätzen über Frauen beziehungsweise Männer aus den beiden vorherigen Kapiteln ein Werbeplakat für sich entwerfen.
In leuchtenden Lettern übermitteln Sie nach außen Ihre Einstellungen.
Ihr Produkt (in diesem Falle Sie) stellt sich damit wie folgt dar:

Bitte entscheiden Sie selbst, ob Sie Interesse an diesem »Produkt« haben oder gar Lust darauf verspüren?
Wenn ich in meinen Seminaren an diesen Punkt komme, reagieren die Teilnehmer oft verletzt. Ich bekomme dann zu hören: »Erst bin ich ehrlich, öffne mich und gebe zu, wie es in meinem Inneren aussieht und was ich insgeheim glaube, und dann so etwas.« Verstehen Sie mich bitte nicht falsch.
Wenn Sie Ihr Ziel erreichen wollen, dann müssen Sie auch bereit sein, sich ein paar Dinge in Ihrem Leben ungeschminkt anzuschauen. Es ist verständlich, daß jeder von uns gerne dazulernen möchte, ohne sich anzustrengen und ohne schmerzvolle Gefühle wieder hervorzuholen.
Doch wie in der Realität geht es auch in diesem Buch nicht nach dem Motto: Wasch mich, aber mach mich nicht naß. Sie allein haben die Wahl und können natürlich an jeder Stelle dieses Buches aufhören zu lesen. Oder Sie machen einfach die Übungen nicht, was wirklich schade wäre!

Oder Sie lassen sich darauf ein und vertrauen mir (leicht gesagt, Sie kennen mich ja nicht einmal ...). Aber ich versichere Ihnen, ich habe all die Übungen selbst ausprobiert und von zahllosen Seminarteilnehmern durchführen lassen. Alle bestätigten danach, daß es ein seltsames, besonderes Gefühl ist, seine eigene Werbung zu erstellen.

Und mit genau dieser Werbung sind Sie bereits auf der Suche nach Mr. oder Mrs. Right!

Wie funktioniert eigentlich Partnerwahl?

Haben Sie sich schon einmal Gedanken über diese Frage gemacht?

Wieso suchen Sie sich eine bestimmte Frau oder einen bestimmten Mann aus, beziehungsweise wieso werden Sie von jemandem ausgesucht? Sie lernen jemanden kennen und fühlen sich plötzlich zu dieser Person hingezogen, verlieben sich – wieso ausgerechnet in diesen Menschen? Und wieso verliebt sich dieser Mensch ausgerechnet in Sie?

Was glauben Sie, wie funktioniert denn Partnerwahl?

Sie gehen auf eine Party, entdecken irgendwann unter 150 Gästen eine Person, die magisch Ihr Interesse auf sich zieht.

Warum fühlen Sie sich gerade zu dieser Person hingezogen? Ist es das Aussehen, der flüchtige Blickkontakt? Wir glauben, wir verlieben uns in den knackigen Hintern unseres Gegenübers, in die blauen Augen, in das strahlende Lächeln, in andere Äußerlichkeiten.

Aber warum verlieben sich Menschen dann neuerdings über das Internet? Wo wir doch ständig lesen können, daß der Blickkontakt entscheidend sei oder »Pheromone«, bestimmte Lockstoffe. Wie kommen diese Lockstoffe nur durch den Computer? Die Medien gaukeln uns vor, wir müßten einem bestimmten Schönheitsideal entsprechen, Modelmaße besitzen, dieses oder jenes Auto fahren, Designer-Klamotten tragen. Doch wenn Sie nach draußen gehen und sich einmal bewußt umsehen, wer da mit wem zusammen ist ...

Ja, ich weiß, dann kommt häufig der Satz: »Schau Dir mal diese Frau an, wie kann die denn mit so einem Mann zusammensein?« und umgekehrt. Also kann es doch nicht nur an Äußerlichkeiten liegen!

Hier nun wieder einige Antworten meiner Seminarteilnehmer auf die Frage, wie Partnerwahl funktioniert:

> Man muß dem anderen schon signalisieren, daß man Interesse hat.
> Ich habe mal gelesen, es liege am Blickkontakt – wenn der drei Sekunden dauert, kann ein Flirt daraus werden.
> Es hängt davon ab, ob man in das »Beuteschema« des anderen paßt.
> Ich muß den anderen unbedingt sympathisch finden.
> Für mich ist das Äußere nicht so wichtig; ich weiß gar nicht so genau, warum ich mich in meine letzte Freundin verliebt habe, es hat halt »Zoom« gemacht.
> Ich finde gleiche Interessen sehr wichtig.
> Für mich ist entscheidend, ob wir den gleichen Background, gleiche Zielsetzungen und Werte im Leben haben.

Was sind nun Ihre Antworten auf diese Frage? Antworten Sie, ohne viel zu überlegen, es gibt kein »Richtig« oder »Falsch«: Wichtig ist lediglich, wie Partnerwahl **Ihrer Meinung nach** funktioniert.

Ich glaube,

Und genau hier liegt das Problem, denn:
Die Partner-Aus-wahl findet auf einer völlig unbewußten Ebene statt. Unbewußte Mechanismen führen dazu, daß wir uns verlieben und daß die Biochemie – dieses Kribbeln im Bauch – einsetzt!

Und genau diese unbewußten Mechanismen, das Unwissen darüber, wie Partnerwahl in Wirklichkeit funktioniert, führt immer wieder dazu, daß Sie sich in den »Falschen« verlieben. Es liegt nämlich nicht daran, daß mit Ihnen etwas nicht stimmt, Ihre Ansprüche etwa zu hoch sind oder Sie einfach nur nicht den Richtigen kennenlernen.

Sie kennen doch sicherlich den Titel des Buches: *Beim nächsten Mann wird alles anders* (dies gilt selbstverständlich ebenso für die nächste Frau). Vielleicht unterliegen auch Sie dem Glauben, wenn nur endlich der oder die »Richtige« käme, würde alles klappen. Oder Sie gehören zu den Kandidaten auf dem Single-Markt, die glauben, wenn sie nur abnähmen oder mehr Haare hätten ... – und so weiter. So sind Sie immer und immer wieder bemüht, endlich den Richtigen oder die Richtige zu finden, versuchen, sich noch ein Stückchen mehr zu verändern, um nun endlich die wahre Lovestory erleben zu können.

Pustekuchen, muß ich Ihnen an dieser Stelle sagen. Solange Sie sich Ihrer *unbewußten* Ebene nicht *bewußt* werden, wird sich Ihr Verhalten nie ändern. Schon der Kommunikationswissenschaftler Paul Watzlawick hat gesagt: »Wenn wir immer wieder vom selben mehr tun, werden wir auch immer mehr vom selben erhalten!«

Sie müssen nicht mehr länger ein Opfer der Umstände sein.

Sie können aktiv etwas verändern, indem Sie beginnen, sich den »Übeltäter«, die unbewußte Ebene, bewußtzumachen.

Viele Seminarteilnehmer empfinden diesen Satz geradezu als Schlag ins Gesicht. Sie berichten, daß sie sich hilflos fühlen, denn wenn diese Dinge im Unterbewußtsein ablaufen, wie kann man sie dann beeinflussen? Hoffnungslosigkeit macht sich an diesem Punkt breit. Aber ich kann hier Entwarnung geben. Diese Dinge sind nur so lange unbewußt, wie wir sie uns nicht bewußtmachen. »Hilfe«, höre ich, »wie geht das denn?« Im Prinzip müssen wir lediglich Licht ins Dunkel unseres Unterbewußtseins bringen.

Meine letzte Beziehung endete mit einem großen Knall. Nach mittlerweile mehreren Beziehungskonkursen reichte es mir nun einfach! Ich wollte nicht noch einmal auf die Nase fallen, nicht wieder in die Kissen weinen, meinem Freundeskreis mit dem ewigen Beziehungs-Hin und -Her auf die Nerven gehen. Vielleicht war es meine innere Stimme, die mir riet, einmal alles genauer unter die Lupe zu nehmen, schließlich konnten ja nicht immer nur die Männer schuld am Scheitern der Beziehung sein. Als ich mich einmal mit einer Kollegin unterhielt, sagte sie mir folgendes: »Wieso schaffst du es mit einer hundertprozentigen Trefferquote und schlafwandlerischer Sicherheit, dir immer wieder jemanden zu suchen, der nicht wirklich zu dir steht, oder, wenn du jemanden findest, der dich sogar heiraten will, dich anderweitig zu verlieben. Und dann wieder in so einen Mann? Wieder in jemanden, mit dem es anfänglich das Paradies zu sein scheint, es dann aber schnell zur Ernüchterung kommt.« Diese Kollegin kennt mich schon länger; mir selbst war bis zu diesem Zeitpunkt mein unbewußtes Muster, das ich unablässig zu wiederholen schien, nicht aufgefallen. Und so begann ich, Licht ins Dunkel zu bringen, diesem unbewußten Muster auf den Grund zu gehen.

Auch Ihnen wird dies gelingen!

Das innere Drehbuch oder die innere Festplatte

Nachdem Sie nun wissen, daß Ihr Single-Dasein und Ihre Beziehungskonkurse etwas mit Ihrem Unterbewußtsein zu tun haben, möchte ich Ihnen das Mysterium »Unterbewußtsein«, diese ominöse unbewußte Ebene, mit Hilfe von zwei Metaphern (Festplatte und Drehbuch) näher erklären.

Wenn Sie schon einmal an einem Computer gearbeitet haben, kennen Sie wahrscheinlich folgendes Problem: Sie wollen nach einem Punkt klein weiterschreiben, doch Ihre Software verändert den ersten Buchstaben des neuen Wortes in einen Großbuchstaben. Was tun Sie? Sie ändern den Großbuchstaben in einen kleinen um. Doch drei Sätze weiter passiert wieder dasselbe. Entnervt überlegen Sie, wie Sie hier dauerhaft Abhilfe schaffen können.

Die einzige Möglichkeit besteht darin, im System des Programms eine Änderung vorzunehmen, es sozusagen »umzuprogrammieren«. Als einfachem Anwender ist Ihnen diese Vorgehensweise nicht geläufig. Was tun? Sie können sich ein Handbuch zu Hilfe nehmen oder jemanden fragen, der sich auskennt.

Letztlich ist es ein recht einfacher Handgriff, aber dafür ist es erforderlich, das dahinterstehende System zu begreifen. Denn erst wenn im Programm steht »Anwender entscheidet selbständig, ob nach einem Punkt groß oder klein weitergeschrieben wird«, verhält sich Ihr Programm beim Schreiben entsprechend.

Ähnlich ist es mit Ihrem inneren Drehbuch:
In Ihrem Drehbuch steht möglicherweise, daß Männer untreu sind oder Frauen unselbständig.

Stellen Sie sich nun bitte folgendes vor: Sie sind die Regisseurin / der Regisseur eines Films und haben diese Rollen dem Drehbuch entsprechend zu besetzen. Unabhängig davon, ob Sie Brad Pitt, Mario Adorf oder Heiner Lauterbach verpflichten, welche Rolle werden die Akteure spielen? Ja richtig, die Rolle des untreuen Mannes! Sie wollen lieber einen treuen Mann in diesem Film? Es nützt Ihnen überhaupt nichts, jetzt Eddie Murphy unter Vertrag zu nehmen, auch er wird sich an das Drehbuch halten. Oder er stellt bereits beim Lesen des Drehbuchs fest, daß diese Rolle ihn nicht interessiert, und lehnt sie ab. Das trifft auf Schauspielerinnen natürlich genauso zu. Geben Sie Madonna Ihr Drehbuch in die Hand, und sie wird – sofern sie die Rolle annimmt – das unselbständige Heimchen am Herd spielen, so wie es das Drehbuch vorgibt. Es sei denn, auch sie sucht sich einen neuen Regisseur und vor allem ein Drehbuch, das besser zu ihr paßt. Erkennen Sie auch hier das zugrundeliegende System?

Beide Beispiele zeigen, daß Sie erst im System beziehungsweise im Drehbuch etwas verändern müssen, bevor es in der Realität funktioniert. Im folgenden Kapitel (S. 53) muß ich daher etwas ausholen, aber keine Angst, Sie müssen keine therapeutische Ausbildung absolvieren. Wir reisen nun gemeinsam vom jetzigen Dilemma Ihres Single-Daseins zu den Ursprüngen Ihrer ganzen Misere.

Jeder Mensch auf unserem Erdball trägt eine Art Festplatte beziehungsweise ein Drehbuch in sich. Auch Sie! Mit dem Tag Ihrer Zeugung werden all die Informationen, die von außen auf Sie einströmen, dort gespeichert beziehungsweise niedergeschrieben. Es geht nichts, aber auch gar nichts verloren. Egal, ob die Erlebnisse und Erfahrungen, die Sie gemacht haben, positiv oder negativ waren, alles wird dort festgehalten.

In jedem Menschen steckt eine »Enzyklopädie an Erfahrungen«.

Ab dem Augenblick unserer Zeugung haben wir wie ein Schwamm Informationen in uns aufgenommen. Gefühle, Geräusche, Gerüche: alles, was unsere Mutter während der Schwangerschaft dachte, erlebte und fühlte, fühlten auch wir. Mit diesen Informationen haben wir sozusagen unsere hauseigene »Festplatte« bespielt. Wir produzierten unser individuelles Programm. Um es anders auszudrücken, wir begannen bereits damals, Seite für Seite des »Drehbuchs« zu unserem Lebensfilm mit diesen Informationen und Erfahrungen zu füllen.

> Waren Sie ein Wunschkind?
> Wäre ein Kind des anderen Geschlechts Ihren Eltern oder einem Elternteil lieber gewesen?
> War der Zeitpunkt, als Sie geboren wurden, o. k.?
> Gab es Verluste, ist jemand gestorben, oder haben sich Ihre Eltern getrennt?
> Was gaben Ihre Eltern Ihnen an Informationen über die Ehe, das Streiten, die Familie, Sexualität, Religion ... mit?
> Wie gingen Ihre Eltern miteinander um?
> Gab es Geschwisterrivalität?

Und so weiter ...

Hinzu kommen all die Informationen, die Sie von anderen Menschen in Ihrer nahen Umgebung erhielten, von Geschwistern, Großeltern, Lehrern etc.

Die elementarsten Prägungen seiner Persönlichkeit erfährt ein Mensch bis zum achten Lebensjahr (hier streiten sich die Gelehrten, gelegentlich ist auch vom elften Lebensjahr die Rede). Bis zu diesem Zeitpunkt ist seine Festplatte bespielt, das innere Drehbuch geschrieben.

Wie das im einzelnen ausschaut, erläutere ich Ihnen anhand der nun folgenden Zeichnungen:

Mama
> Noch ein Kind ist mir eigentlich zuviel.
> Das kannst du nicht!
> Das darfst du nicht!
> Männer sind nie da, wenn man sie braucht.
> Nur wenn Kinder krank sind, brauchen sie Zuwendung.
> Mach dich nicht abhängig von einem Mann!
> Ich bin unglücklich in meiner Ehe.
> Mein Kind gibt meinem Leben nun endlich einen Sinn.

Papa
> Ich will einen Jungen.
> Du mußt etwas Ordentliches lernen.
> Dein Bruder ist viel besser als du.
> Kinder sind Frauensache.
> Zärtlichkeit habe ich auch nicht bekommen.
> Ich muß viel arbeiten, um euch alle zu ernähren.
> Mädchen brauchen keine Karriere, die heiraten sowieso.
> Ich mag mich nicht streiten.
> Ich kann nicht mit meinen Kindern spielen, ich kann meinen Kindern nur etwas beibringen.

Oma
> Ich liebe meine Enkelin.

Oma starb, als ich vier Jahre alt wurde.

ältere Schwester
> Ich muß immer Rücksicht nehmen.
> Sie bekommt mehr als ich.
> Ich bin wütend auf meine kleine Schwester und kann sie nicht leiden.

Aus all diesen Informationen entwickelt ein Mensch seine **Identität**, seinen Glauben in bezug auf sich selbst und seine **Fähigkeiten**, sein **Verhalten** und seine **Einstellung** zur Umwelt. All dies entscheidet, wie er sich dann letztlich im Leben bewegt und wie andere Menschen auf ihn reagieren.

Das steht in meinem Drehbuch

> Ich bin nicht richtig.
> Ich bin zuviel.
> Ich bin nicht o. k.
> Dann muß ich mich aber anstrengen.
> Das kann ich nicht.
> Das darf ich nicht.
> Der einzige Mensch, der mich liebt, verläßt mich.
> Papa nimmt mich nie in den Arm.
> Stimmt etwas nicht mit mir?
> Männer sind nie da.
> Ich bekomme Zuwendung, wenn ich krank bin.
> Ja, Mama, ich mache mich nicht abhängig, ich sehe, wie schlecht es dir geht.
> Papa will, daß ich heirate, aber ich werde beweisen, daß ich gut im Job bin.
> Ich muß mich um Mama kümmern, damit sie glücklich wird.
> Männer wollen und können nicht streiten.
> Fürs Lernen gibt es mehr Zuwendung als fürs Spielen.
> Sie mag mich nicht, sie ist wütend auf mich, ich weiß nicht warum, ich habe ihr doch nichts getan.

Als Erwachsener können Sie sich an viele Dinge nicht mehr erinnern. Geschehnisse, die Ihnen Verletzungen zugefügt haben, Situationen, in denen Sie einen bestimmten Mangel schmerzlich empfunden haben, sind Ihnen nicht mehr bewußt.

Sie können sich das am besten so vorstellen: In Ihrem Bauch sitzt der kleine Junge oder das kleine Mädchen von damals, mit all dem Schmerz der Verletzungen und des Mangels. Doch diese Verletzungen, dieser erlebte Mangel – festgeschrieben in Ihrem Drehbuch oder eingebrannt in Ihre Festplatte, die Ihr Kellerkind in den Händen hält – möchten geheilt, möchten korrigiert werden.

Aus diesem Grund suchen Sie sich für Ihren Lebensfilm unbewußt exakt den Darsteller oder die Darstellerin, also den Partner oder die Partnerin, mit denen Sie die alten negativen Situationen wiederherstellen können und hoffen, dem damals Erlebten im Hier und Jetzt einen positiven Ausgang zu verschaffen.

Hier hilft sich die Natur dann selbst. Obwohl kein Mensch freiwillig die Verletzungen der Kindheit noch einmal erleben möchte, passiert es auf folgende Weise erneut:

Hallo, ich bin die kleine, der kleine …

Ich bin dein Kellerkind, ich sitze in dir. Ich habe vieles erlebt, was mir weh getan hat. Ich brauche dringend jemanden, der mich hört, der mich sieht und vor allen Dingen der mir das gibt, was ich damals nicht bekommen habe. Da du mich da oben nicht siehst und hörst, mich nicht wahrnimmst, finde ich jetzt jemanden, der in das Drehbuch paßt, welches ich in meinen Händen halte. Ich suche jetzt den passenden Darsteller für die Folge: Mich will niemand. Und wenn ich den gefunden habe, dann kannst du dir aus der Sicht eines Erwachsenen nochmals anschauen und vor allen Dingen fühlen, was in meinem Drehbuch steht.

Dein Kellerkind

Bevor wir uns verlieben, bucht unser Kellerkind schon den passenden Darsteller für unser Drehbuch. Er oder sie wird dann zusammen mit uns wieder eine Schlüsselszene aus unserem Drehbuch spielen, wie zum Beispiel: »Ich bin nicht wichtig, immer sind andere oder ist anderes wichtiger als ich«, »Nie sagst du mir, daß du mich liebst«, »Nie bekomme ich die Unterstützung, die ich brauche«, »Immer muß ich machen, was du willst«, »Du akzeptierst mich nicht so, wie ich bin« und so weiter und so fort.

Das Faszinierende hierbei ist, daß der von Ihnen gebuchte Darsteller nichts von dem Drehbuch weiß und trotzdem die Rolle, die Sie ihm zugedacht haben, perfekt spielt. Am Ende der Szene empfinden Sie einen Schmerz. Es ist kein neues Empfinden, der alte Schmerz aus Ihrem Drehbuch wird lediglich wieder aktiviert. Allerdings warten Sie jetzt auf ein »Happy-End«.

Doris, 39, stand letzte Woche völlig aufgelöst in meiner Praxis. *»Jetzt habe ich aber die Faxen dick. Schon wieder so ein Idiot. Was glaubt der eigentlich, wer er ist?«*

Nachdem Doris erst einmal so richtig abgelästert hatte, erzählte sie mir ihre Geschichte. Schon wieder war sie mit einem Mann zusammen, der anscheinend glaubte, mit ihr machen zu können, was er wollte. Thorsten hatte den Termin für ein gemeinsames Wochenende nun schon zum viertenmal verschoben. Dafür wollte er sie mittags zum Essen treffen, hatte sie aber wiederum versetzt und allein im Lokal sitzen lassen – um sich dann lediglich mit einem kurzen Anruf zu entschuldigen, daß es halt wieder einmal so stressig im Büro gewesen sei. Nachdem ich Doris gebeten hatte, eine Zeichnung von sich und ihrem Kellerkind anzufertigen und all die Sprüche, die zuvor nur so aus ihr herausgesprudelt waren, auf ihre Lebensleinwand aufzuschreiben, fragte ich sie, ob ihr das Gefühl, das Thorstens Verhalten in ihr hervorgerufen hatte, irgendwie bekannt vorkam. Doris fielen sofort zahllose Situationen aus ihrer Kindheit ein. Ihre Eltern hatten sich scheiden lassen und besaßen das gemeinsame Sorgerecht. Ihr Vater war ein erfolgreicher, immer gestreßter Manager, der oft vergaß, sie von der Schule abzuholen. Auch der gemeinsame Wochenendausflug fiel immer wieder mal ins Wasser, weil doch das Golfturnier so wichtig für seine Karriere war. Doris erkannte blitzschnell, daß sie Thorsten als Darsteller gebucht hatte, der sie wieder den gleichen Schmerz von damals fühlen ließ und von dem sie hoffte, er könne ihn jetzt heilen. Als Kind war sie diesem Schmerz hilflos ausgeliefert, als ihr Vater ihr immer wieder sagte: »*Meine Kleine, das verstehst du doch, daß dein Papa so viel arbeiten muß. Ich tue das doch alles nur für dich.*«

Ich könnte jedesmal schreien, wenn ich so etwas höre. An dieser Stelle begreife ich mich als Rechtsanwältin des Kellerkindes, das unsäglich leidet. Nein! Wie soll ein Kind Verständnis zeigen können? Ein Kind, das sich auf den Papa freut, das Vertrauen und ein Gefühl der Sicherheit aufbauen muß, das sich auf den Papa verlassen können will – ein Kind kann das nicht verstehen und weiß nicht, wohin mit dem Schmerz, der Wut und der Verletzung, der Enttäuschung und der Frage: »Warum tut er mir das an, ist mit mir etwas nicht in Ordnung?« Ein Kind kann in diesen Augenblicken keine logischen Erklärungen für solche Handlungsweisen finden, damit ist es einfach überfordert. So bleibt ihm nur die Möglichkeit, seine negativen Empfindungen, seinen Schmerz einzufrieren und darauf zu warten, daß irgendwann im Leben einmal jemand kommt und erkennt, daß hier noch etwas korrigiert werden muß. Doris wurden beim »Lesen« ihres Drehbuchs noch weitere Verhaltensweisen bewußt. Auch im Job und ihren Freundinnen gegenüber reagierte sie nie ungehalten, wenn Versprechungen nicht gehalten wurden – allerdings tat es in diesen Bereichen nicht so weh wie in der Partnerschaft, da nicht soviel Liebe im Spiel war wie bei Thorsten. Und so wurde Thorsten, ohne es zu wissen, als Darsteller im Drehbuch von Doris gebucht. Und das Kellerkind (klein Doris) hoffte immer noch auf den Papa (in unserem Fall Thorsten), der ihm Wertschätzung und Zeit entgegenbringen würde.

Oder Marius, 42, ein gutaussehender Mann, dem die Frauen nur so nachlaufen: Er saß wie ein Häufchen Elend in der Runde der Singles. Wieder einmal hatte ihn eine seiner Frauen verlassen. Marius zeichnete sein Kellerkind, und als er den großen Marius außen herum zeichnen wollte, begann er zu weinen. Er erzählte, daß es ihm bei meiner Erläuterung der Prägung in den ersten Lebensmonaten kalt den Rücken heruntergelaufen war und er am ganzen Körper zu frieren begonnen hatte. Schlagartig war ihm bewußt, daß sich bei ihm stets das gleiche Muster wiederholte. Er hatte immer Freundinnen – mal eine, mal mehrere gleichzeitig –, doch von keiner fühlte er sich richtig geliebt, bei keiner völlig geborgen, und so suchte er immer wieder nach seiner »Traumfrau«, die ihm diese Empfindungen vermitteln sollte. Anfangs glaubte er auch immer, sie gefunden zu haben, doch nach recht kurzer Zeit kam dann wieder dieses Gefühl der Leere in ihm hoch. Und ein paar Monate später verließ ihn seine »Traumfrau« wieder. Marius erzählte, seine Mutter habe eine sehr schwere Geburt gehabt und sei in ein Spezialkrankenhaus verlegt worden, während er in der Kinderklinik bleiben mußte, da sein Vater sich während der Schwangerschaft aus dem Staub gemacht hatte und sich niemand aus der Familie um ihn kümmern konnte. Weil er so ein süßes Kerlchen war, hatten ihn sofort alle Schwestern in der Kinderklinik liebgewonnen und verwöhnten ihn, so gut es ihnen möglich war. Erst nach sechs Monaten sah er zum erstenmal seine Mutter, die ihm natürlich völlig fremd war. Stellen Sie sich einmal vor, wie einsam sich ein Kind ohne die Wärme und Zuwendung seiner Mutter fühlt. Wie sollte der kleine Wurm in dieser wichtigen Lebensphase Vertrauen oder Bindungsfähigkeit aufbauen lernen? Ist es da verwunderlich, daß er mit immer wieder wechselnden Partnerinnen unbewußt versuchen wollte, diese frühkindlichen Verletzungen zu heilen?

Marius brachte dann den Rest der Gruppe zum Lachen, als er verlegen einräumte, daß er ein Faible für Frauen in weißen Kitteln habe, seien es nun Ärztinnen, Arzthelferinnen oder Krankenschwestern – na, woher das wohl kam?

An diesen Beispielen zeigt sich die Crux der ganzen Geschichte. **Ihre Partnerin oder Ihr Partner kann den alten Mangel, die alten Verletzungen nicht heilen.** Ihr Drehbuch ist bereits geschrieben, Ihre Festplatte bereits bespielt.

Kein Mensch außer Ihnen selbst kann auf Ihre Festplatte gelangen und im System Einstellungen ändern. Kein anderer Mensch kann für Sie Ihr Drehbuch umschreiben. Aber Sie können es!

Ihr Kellerkind läuft also mit dem Drehbuch in der Hand durch die Welt und hält dabei immer Ausschau nach passenden Darstellern. Sie handeln daher nie losgelöst und unabhängig vom Drehbuch beziehungsweise der Festplatte. **Alles,** was Sie im Hier und Jetzt erleben, ist das Ergebnis Ihres inneren Drehbuchs. Im Prinzip ist es einfach genial, wie die Natur das eingerichtet hat. Sie sitzen sozusagen jeden Tag in Ihrem Lebenskino und schauen sich immer wieder von neuem Ihren eigenen Lebensfilm an. Ihrem Wunsch nach Beziehungen, Freundschaften oder einer Ehe liegt ein größerer Sinn zugrunde als der, nicht allein durchs Leben zu gehen, zu zweit glücklicher zu sein als allein, eine Familie zu gründen oder im Alter nicht einsam zu sein.

Sie brauchen Darsteller für Ihren Film, damit Sie erkennen, wo Ihre Verletzungen sind, was Ihrem Kellerkind fehlt. Vielleicht haben Sie bisher jeden Streit, jeden Konflikt oder jeden Beziehungskonkurs als etwas Schreckliches empfunden – dabei handelt es sich hier um den Versuch Ihres Kellerkindes, auf sich aufmerksam zu machen, damit Sie es in seinem Schmerz, in seiner Angst und Traurigkeit, dem Alleinsein, mit seiner Wut und Eifersucht in Ihr Herz schließen können und ihm das geben, was es noch immer nicht bekommen hat.

Vielleicht haben Sie bisher auch geglaubt, daß die unschönen Dinge in Ihrem Leben etwas mit Ihrem Umfeld zu tun haben und daß Sie nichts ändern können, außer sich einen neuen Partner zu suchen, den Job zu wechseln, sich von Freunden zu trennen. Doch erinnern Sie sich an die Großschreibung nach dem Punkt im Computerprogramm. Das ändert sich auch nicht von selbst im Dokument, Sie müssen erst im System die Änderungen vornehmen. Auch wenn Sie die Darsteller in Ihrem Film immer wieder austauschen – auch die neuen werden die Rolle so spielen, wie sie in Ihrem Drehbuch steht. Dauerhaft und mit wirklichem Erfolg ändern Sie nur etwas, wenn Sie ins System Ihrer Festplatte eingreifen beziehungsweise die Handlung (den Plot) im Drehbuch ändern.

Wie Sie dauerhafte Veränderungen in Ihrem Drehbuch vornehmen, erfahren Sie im dritten Teil dieses Buches.

Es gibt keine Schuld

Wenn die Teilnehmer meiner Seminare verstanden haben, daß Sie eigentlich immer »den richtigen Partner« hatten, nämlich den Partner, den ihr persönliches Drehbuch ihnen vorgab, taucht immer wieder das Problem der Schuldfrage auf, und viele reagieren betroffen. Folgende Fragen werden dann gestellt:

Wenn ich meine Partner, wenn auch unbewußt, selbst auswähle, wenn es also kein unglücklicher Zufall ist, daß ich immer wieder an den gleichen Typus gerate, bin ich dann schuld daran, daß ich im Moment keinen Partner habe, wurden dann all die Beziehungskonkurse von mir verursacht?

Stop! Keinem Menschen hilft dieses Schuldgefühl! Nicht Ihnen – nicht Ihrem Ex-Partner – niemandem! Hören Sie also auf damit, Sie wußten es nicht besser! Wenn Sie in einem Schuldgefühl gefangenbleiben, geben Sie die Verantwortung für Ihr Handeln ab. Schuldgefühle machen Sie handlungsunfähig. Sie sollten sich lieber folgendes fragen:

Was kann und will ich verändern, nachdem mir nun diese Mechanismen bekannt sind?

Wenn meine Probleme ihren Ursprung in meiner Kindheit haben, sind dann nicht meine Eltern daran schuld? Ich bin selbst Mutter, was habe ich schon alles an meinem Kind verbrochen, was habe ich falsch gemacht? Bin ich schuld, wenn mein Kind Beziehungsprobleme hat?
Auch hier möchte ich in aller Deutlichkeit darauf hinweisen, daß es keine perfekte Elternschaft gibt. Es nützt wirklich niemandem etwas, wenn Sie jetzt anfangen, Ihren Eltern wegen etwaiger Fehlleistungen und Versäumnisse Vorwürfe zu machen. Und wenn Sie selbst Vater oder Mutter sind, bringt es Sie und Ihr Kind keinen Schritt weiter zu überlegen, was Sie falsch gemacht haben. Sie haben zu dem Zeitpunkt nach bestem Wissen und Gewissen gehandelt – so wie Sie aufgrund Ihres Erfahrungsschatzes handeln konnten und mußten. Wenn Sie durch dieses Buch neue Einsichten und Ansichten bekommen, ist das wunderbar und wird auch Ihren Kindern zugute kommen. Sie können aber erst dann etwas verändern, wenn es Ihnen bewußt wird. Durch Ihre eigene Weiterentwicklung können Sie auch Ihren Kindern ein enormes Potential mit auf ihren Lebensweg geben.

Aber was soll ich denn tun, ich weiß doch gar nicht so recht, was in meinem Drehbuch steht?
Doch, denn Sie sehen es jeden Tag in Ihrem Lebenskino. Alles, was Sie in der Gegenwart erleben, ist das immer und immer wieder abgespulte innere Drehbuch. Probleme, die auftauchen, Konflikte, die Sie erleben, Gefühle des Schmerzes, des Mangels, die sich in Ihrem Leben wiederholen, sind ein Hinweis auf einen alten Schmerz, einen alten Mangel aus Ihrer Kindheit, der jetzt auf eine Korrektur, auf Heilung wartet.

Kann ich mein Drehbuch überhaupt umschreiben?
Ja, Sie können all das verändern, was Sie verändern möchten. Ich selbst und viele Teilnehmer meiner Seminare sind ein lebender Beweis dafür.

Aber wie schreibe ich mein Drehbuch um?
Zu dem »Wie« kommen wir später. Zunächst geht es darum, anzuerkennen, daß es diese Gesetzmäßigkeiten gibt. Und darum, wie sich Ihr persönliches Drehbuch oder Ihre Festplatte aufgebaut hat.

Aber meine Eltern haben doch alles für mich getan!
Das ist richtig, Ihre Eltern haben alles getan, was sie tun konnten. Egal, wie Ihre Kindheit ausgesehen hat. Sie können Ihren Eltern dankbar sein, denn sie haben Ihnen das Leben geschenkt, aus dem Sie das machen können, was Sie sich wünschen.

Ihre Eltern haben Sie, einen einzigartigen, wertvollen Menschen, in diese Welt geschickt. Ist das nicht wunderschön? Es geht nicht darum, Ihre Eltern zu verurteilen, doch in manchen Situationen erhielten Sie von ihnen weniger – oder auch mehr –, als Sie gebraucht hätten, oder Sie hätten etwas anderes gebraucht.

Aber Sie wissen jetzt, daß Ihre Eltern den Schlüssel zu Ihrem Drehbuch nur bis zu Ihrem achten (elften) Lebensjahr hatten ... Jetzt haben Sie ihn. Sie können daher sofort mit dem »Nachbeelterungsprozeß« beginnen, indem Sie Verantwortung für sich und Ihre Vergangenheit übernehmen und den Rucksack Ihrer Vergangenheit nicht mehr Ihrem Partner aufbürden. Denn den Schlüssel halten nur Sie in Ihren Händen.

Ich kann mich kaum an etwas aus meiner Vergangenheit erinnern, wie soll ich wissen, was in meinem Drehbuch steht?
Lehnen Sie sich zurück, und schauen Sie sich Ihr Leben und Ihre Beziehungen oder Ihre Single-Situation an. Alles, was Ihnen an oder in Ihrem jetzigen Leben mißfällt, was Ihnen schlechte Gefühle bereitet, ist eine Szene aus Ihrem in der Kindheit geschriebenen Drehbuch. Sie haben lediglich die Kulisse und die Darsteller verändert. Es ist nicht wichtig, genau zu erforschen, um welche konkrete Situation es sich in der Vergangenheit gehandelt hat. Wichtig ist herauszufinden, was Ihnen damals gefehlt hat, was Sie verletzt hat und was jetzt nach einer Heilung oder Korrektur verlangt. Denn das, was Ihnen damals gefehlt hat, fehlt Ihnen noch heute.

Hat mein Partner auch ein Drehbuch?
Natürlich hat Ihr Partner auch ein Drehbuch, jeder Mensch hat eins. Auf diese Weise finden letztlich Liebespartner zusammen. Ihr Partner muß als Darsteller in Ihr Drehbuch passen und umgekehrt.

Ist es nicht besser, die Vergangenheit einfach ruhen zu lassen und nach vorne zu schauen?
Wenn Sie nach vorne schauen – super! Ich liebe Menschen, die optimistisch sind und etwas aus ihrem Leben machen wollen. Doch was machen wir mit Ihrem Drehbuch, das Sie veranlaßt, die gleichen Mechanismen stets zu wiederholen?

Muß ich jetzt meine ganze Vergangenheit durchwühlen?
Nein, Sie müssen nicht! Sie können, wenn Sie wollen. Als Kind mußten Sie vieles tun, was Sie nicht wollten (es fängt bei den meisten schon beim Spinat an), doch heute entscheiden Sie selbst, was und wieviel Sie verändern wollen. Das Leben selbst und die Dinge, die in

Ihrem Leben geschehen, zeigen Ihnen jeden Tag sehr deutlich, ob es noch etwas zu verändern gibt. Wenn Ihnen die Vergangenheit gezeigt hat, daß Beziehungen immer wieder im Konkurs endeten oder Sie unglücklich waren, dann entscheiden Sie selbst, ob Sie das verändern wollen. Dazu ist es nötig, daß Sie sich Ihr Drehbuch genau anschauen.

Wie lange wird es dauern, bis ich das aufgearbeitet habe?
Ich habe die Erfahrung gemacht, daß sich Erfolge manchmal schon Stunden später einstellten, nachdem auf der Festplatte Veränderungen vorgenommen worden waren. Jeder Mensch ist unterschiedlich, es liegt auch ein wenig an Ihnen, wieviel Zeit Sie investieren. Es ist wie bei einer neuen Sportart oder bei einer neuen Sprache, die Sie lernen wollen: Je öfter Sie üben, um so schneller werden Sie sie beherrschen. Manchmal dauert es nur wenige Minuten, den Plot in einem Drehbuch aufzuspüren, manchmal dauert es auch länger. Das wichtigste ist, nicht nur über die eigenen Probleme nachzudenken, sondern die Schritte, die Sie in den folgenden Kapiteln lernen werden, auch anzuwenden. Das kann Ihnen niemand abnehmen.

Jeder Mensch, egal wie alt er ist, welchen Bildungsstand er hat, welches Drehbuch er besitzt, kann mit der Simply-Love®-Strategie Veränderungen vornehmen. Vertrauen Sie sich! Denken Sie einmal an den Tag, als Ihre Lehrerin Ihnen das Lesen und Schreiben beibringen wollte. Sie hatten vielleicht das Gefühl, vor Ihnen läge ein riesiger Berg, den es zu erklimmen galt. Trotz aller Zweifel können Sie heute schreiben und lesen.

Wie ich eingangs schon geschrieben habe, möchte ich Sie davon überzeugen, daß Veränderungen mit Leichtigkeit erreicht werden können und vor allem auch Spaß machen. Sie werden erkennen, wie einfach Sie Ihrem Drehbuch auf die Schliche kommen und wie leicht es sein kann, dauerhafte Veränderungen vorzunehmen und so Stück für Stück lebendiger, fröhlicher und liebevoller zu werden.

Gemeinsam werden wir uns nun im zweiten Teil des Buches Ihrer Festplatte beziehungsweise Ihrem Drehbuch und Ihrem Kellerkind widmen. Da ich Ihnen Ihre Reise so angenehm wie möglich gestalten möchte, verwende ich nun nur noch jeweils einen der Begriffe.

Erstes Etappenziel

Ich hoffe, ich habe Sie neugierig gemacht und Sie haben nun Lust, mit mir durch den zweiten Teil des Buches zu reisen.

Bisher haben Sie erfahren:

> daß es einen einfachen Grund für Ihr Single-Dasein gibt,
> daß mit Ihnen alles in Ordnung ist und wir Ihrem Single-Dasein ein Ende bereiten werden,
> daß Sie ein Drehbuch in sich tragen, Ihnen dies aber bisher nicht bewußt war,
> daß Ihr Drehbuch alle Erfahrungen aus der Vergangenheit beinhaltet, positive sowie negative,
> daß Ihrem Drehbuch gemäß immer wieder die gleiche Handlung abläuft, um auf den Hauptdarsteller – Ihr Kellerkind – aufmerksam zu machen,
> daß es nicht hilfreich ist, das Opfer-Täter-Prinzip anzuwenden und nach »Schuldigen« zu suchen,
> daß Ihr Kellerkind einen Darsteller benötigt, um auf sich aufmerksam zu machen, weil Sie bisher noch keinen Kontakt zu ihm haben,
> daß Ihr Drehbuch bereits geschrieben ist und Ihr Kellerkind auf *Ihre* Hilfe und Heilung wartet,
> daß Sie der Liebe Ihres Lebens begegnen werden – garantiert.

Freiheit

Die Freiheit, zu sehen und zu hören, was ist,
anstatt was sein soll, was war oder was sein wird.
Die Freiheit zu sagen, was du fühlst und denkst,
anstatt was man fühlen und denken sollte.
Die Freiheit zu fühlen, was du fühlst,
anstatt was man fühlen müßte.
Die Freiheit, um das zu bitten, was du möchtest,
anstatt immer auf Erlaubnis zu warten.
Die Freiheit, auf eigene Faust etwas zu riskieren,
anstatt nur die Sicherheit zu wählen
und das Boot nicht zum Schaukeln zu bringen.

Virginia Satir

Teil II
Wie sieht Ihr inneres Drehbuch aus?

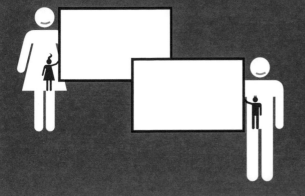

Ein Kind im Keller – Ihr Kellerkind

Einige meiner Seminarteilnehmer stoßen sich an der Bezeichnung »Kellerkind«. Sie empfinden diesen Begriff als trostlos und düster, doch gerade deswegen habe ich ihn gewählt, denn das Kind sitzt ja wirklich in Ihnen wie in einem Keller, irgendwann wurde es dorthin verbannt, verdrängt, gut verräumt. Da sitzt es nun, leidet einsam vor sich hin und wartet auf Erlösung, auf den nächsten Darsteller, um erneut auf sich und seinen Mangel, seine Verletzungen aufmerksam zu machen.

Sie und Ihr Kellerkind sind im Augenblick noch zwei unterschiedliche Paar Stiefel. Wie Sie anhand der nachfolgenden Zeichnung erkennen können, gibt es noch keinen bewußten Kontakt zu Ihrem Kellerkind, dem Schmerz, der tief in Ihnen auf Heilung wartet.

Es ist, als trügen Sie eine Art Halskrause, die im Augenblick noch die Kommunikation zu Ihrem Kellerkind verhindert.

(Die Seminarteilnehmer haben es bildlich »Halskrause« genannt, und ich möchte bei diesem Begriff bleiben). Ihr Intellekt kann die Dinge, die Sie bereits gelesen haben, zwar leicht nachvollziehen, es sind vielleicht hier und da Erinnerungen aus der Vergangenheit aufgetaucht, Sie haben möglicherweise schon eine Ahnung, was sich in Ihrem Drehbuch noch alles versteckt hält, doch eine bewußte Kommunikation zum Kellerkind besteht in den meisten Fällen zu diesem Zeitpunkt noch nicht.

Manche von Ihnen werden sich fragen, was das mit ihrem Single-Dasein zu tun hat. Das kann ich Ihnen sagen. Schauen Sie sich bitte noch mal Ihr Werbeplakat mit Ihrem Slogan an. Na, was sehen Sie dort? »Mich will niemand, ich werde ohnehin immer wieder betrogen, ich habe Angst, mich einzulassen« und so weiter. Ihr derzeitiger Werbeslogan ist ein erster Hinweis auf Ihr Kellerkind, auf die Verletzungen und den von Ihnen erlebten Mangel. Und es ist nicht eine Erkenntnis, die Sie aufgrund Ihrer gemachten Erfahrungen gewonnen haben – so wie der Großteil von Ihnen glaubt. **Und es ist nicht die Realität!**

> Wenn ich liebe, dann werde ich verletzt.
> Ich war ein Unfall, eigentlich wollten meine Eltern keine Kinder mehr.
> Meine Eltern haben sich immer gestritten.
> Meine Schwester haben sie viel lieber als mich.

> Mich will niemand.
> Ich werde sowieso immer wieder betrogen.
> Männer und Frauen passen nicht zusammen.
> Ich habe Angst, mich einzulassen.

Mängel und Verletzungen der Kellerkinder

Es gibt Mangelzustände, die bei materiellen Dingen beginnen, wie zum Beispiel nicht genug zu essen oder unzureichende Kleidung. Darüber hinaus gibt es den Mangel an emotionaler Zuwendung. Manche Menschen erleben in ihrer Kindheit sehr schlimme Dinge, von psychischer und physischer Gewalt bis hin zu sexuellem Mißbrauch. Ich werde in meiner Praxis Tag für Tag mit all diesen Dingen konfrontiert. Insgesamt gibt es viel mehr Verletzungen, als viele von Ihnen zu glauben wagen. Vieles hat auch in Ihrer Kinderseele eine Wunde hinterlassen, selbst wenn Sie heute über einige Dinge lachen und nachvollziehen können, was und warum es passiert ist. Vielleicht haben Sie Erklärungen gefunden, zeigen Verständnis für die Personen, die Ihnen Verletzungen zugefügt haben, für den Mangel, den Sie erlitten haben.

Aber es gab Zeiten, da fühlten Sie sich überfordert, ängstlich, traurig, wütend, allein, hilflos, eifersüchtig, da haben Sie gehaßt und hatten das Gefühl, nicht geliebt, nicht anerkannt zu werden, oder Ihre Liebe wurde abgewiesen.

Damals, als Sie ein kleines, hilfloses Wesen waren, konnten Sie nicht alles verstehen. Sie hatten keine Möglichkeit, etwas zu erklären oder eine Verletzung abzuwenden, und oft hatten Sie auch niemanden, der sich Ihrer Gefühle angenommen hätte.

Stellen Sie sich einmal ein kleines Kind vor, das mit großen angsterfüllten Augen vor Ihnen steht. Was tun Sie? Die erste Reaktion ist in den meisten Fällen, dem Kind zu sagen, es brauche keine Angst zu haben. Ja, natürlich muß das Kind keine Angst haben. Wenn es das wüßte, hätte es auch keine – aber in unserem Fall hat es Angst. Wenn dann noch der Spruch kommt: »Du brauchst doch keine Angst zu haben!«, spricht man ihm damit die Richtigkeit seines Gefühls ab. Es hat Angst. Daher ist es das sinnvollste, das angsterfüllte Kind in den Arm zu nehmen und ihm das Gefühl von Geborgenheit und Sicherheit zu geben.

Übertragen wir nun dieses Beispiel auf Ihr Single-Dasein: Sie fühlen sich allein, Sie glauben, da draußen gäbe es niemanden für Sie. Ihr Kellerkind meldet sich also, und es ist wenig hilfreich, sich zu sagen, »Das stimmt doch gar nicht, ich bin doch ein toller Mann, eine tolle Frau«, oder sich womöglich mit anderen Dingen abzulenken. Ihr Kellerkind braucht jetzt jemanden, der es versteht, der ihm zuhört, der einfach da ist und ihm das gibt, was es braucht.

Wenn Ihnen Sätze durch den Kopf gehen, wie

> Niemand liebt mich
> Keiner ist für mich da
> Alle haben jemanden, der sie liebt, nur ich bin allein
> Keiner ist da und hat Zeit für mich
> Ich bin so allein

dann haben Sie Kellerkindalarm, Ihr Kellerkind spricht!

Sie werden sich sicherlich fragen, was nun zu tun ist.

Ganz einfach, Sie müssen nur die Halskrause entfernen und bewußt Kontakt zu Ihrem Kellerkind herstellen.

Entfernen der Halskrause

Damit Sie sich nun selbst davon überzeugen können, wie einfach es ist, mit Ihrem Kellerkind Kontakt aufzunehmen, biete ich Ihnen – wie den Teilnehmern im Seminar – folgende Übung an, mit der Sie die Halskrause entfernen können.

Nehmen Sie sich bitte einen kurzen Augenblick Zeit. Keine Angst, Sie brauchen weder Kerzen noch Räucherstäbchen und müssen auch nicht den Yogasitz im Crashkurs erlernen – obwohl ich all diese Sachen wirklich liebe und sie guttun. Aber es geht auch ohne das alles phantastisch.

Sie können diese Übung überall durchführen, auch während Sie in der U-Bahn oder im Büro sitzen.

Schließen Sie für einen Augenblick die Augen und stellen Sie sich vor, in Ihrem Bauch oder auf Ihrem Schoß sitzt ein kleines Mädchen, ein kleiner Junge – Sie, als Sie klein waren, egal, welches Alter Ihnen dazu einfällt.

Sagen Sie nun »Hallo« zu diesem kleinen Kind. Sagen Sie ihm, daß es Ihnen leid tut, daß Sie es in den Keller gesperrt haben. Nein, fühlen Sie sich bitte nicht schuldig, Sie haben es ja nicht besser gewußt. Teilen Sie dem Kind mit, daß Sie gerne Kontakt mit ihm aufnehmen möchten – bitte nicht zwingen, darauf reagieren Kellerkinder ziemlich allergisch.

Geben Sie diesem Kind in Ihnen das Gefühl »Ja, du bist gemeint, ich höre dich, und ich bin da« – sonst weiter nichts. Viele Menschen sind bei dieser Übung sehr schnell und wollen gleich etwas wissen, das Kind etwas fragen. Bitte tun Sie das nicht. Sagen Sie lediglich »Hallo«. Stellen Sie sich nur einmal vor, Sie kämen mit viel Schokolade in ein Kinderheim – glauben Sie bloß nicht, daß gleich alle Kinder auf Sie zustürzen, nur weil Sie Schokolade in der Hand haben. Diese Kinder sind erst mal skeptisch. Auch ein anderes Beispiel gefällt mir sehr gut: Wenn Sie jemanden gerettet haben, der beinahe erfroren wäre, dürfen Sie ihn nicht sofort in die heiße Badewanne stecken – Herzschlag gefällig! Hier lautet das Rezept: langsam auftauen.

Ich habe in meinen Seminaren sehr unterschiedliche Erfahrungen gemacht. Es gab Kellerkinder, die haben nur darauf gewartet, endlich reden zu können, andere wiederum, mit sehr tiefen Verletzungen, brauchten eben ihre Zeit. Haben Sie Verständnis, wenn Ihr Kellerkind nicht gleich mit Ihnen spricht. In all den Jahren meiner Arbeit habe ich noch nie erlebt, daß ein Kellerkind die Kommunikation völlig verweigert hat. Na los, probieren Sie es einfach mal!

Sprechen Sie laut oder leise die Worte und Sätze, die Ihnen einfallen. Es gibt kein Richtig oder Falsch.

Welches Gefühl haben Sie jetzt, nachdem Sie die Übung gemacht haben?

Der Bericht der Seminarteilnehmerin Steffi zeigt, wie schnell die Halskrause verschwinden kann:
Ich war wohl die skeptischste Person aus der Runde und wollte die Übung eigentlich nicht machen. Aber schlimmstenfalls würde sich nichts verändern, sonst konnte mir ja nichts passieren. Ich schloß also die Augen und machte die Übung. Am Anfang ging es etwas schleppend, da ich immer wieder dachte, wie dumm ich wohl mit geschlossenen Augen aussah. Ich konnte mich nicht konzentrieren. Dann legte ich meine Hände auf meinen Bauch und sprach einfach zu mir. Doch die Gedanken wollten und wollten nicht aufhören. Als Ärztin kam ich mir so blöd vor. Dann sagte die Seminarleiterin: »Wenn ihr damit ein Problem habt, dann stellt euch einfach vor, ihr seid Mutter oder Vater. Wie würde sich euer Kind fühlen, wenn ihr es blöd fändet, mit ihm zu reden?« Da fühlte ich mich ganz schön mies, denn das wollte ich auf gar keinen Fall. Ich sprach also einfach zu mir. »Hallo, kleine Steffi, ich bin da. Ich weiß zwar nicht, ob ich jetzt alles richtig mache, doch ich glaube, es würde uns beiden sehr helfen, wenn wir in Kontakt treten würden. Ich hätte nämlich gern einen Partner und eine Beziehung und habe begriffen, daß du dir immer wieder jemanden suchst, den ich gar nicht will. Ich möchte, daß wir zwei uns einen ganz tollen Mann aussuchen, wir beide zusammen. Ich möchte dich kennenlernen und sage dir heute einfach mal Hallo.« Und dann wurde es warm in meinem Bauch. Anfangs suchte ich natürlich sofort nach einer physiologischen Erklärung, nach dem Motto: Ist ja klar, ich hatte ja meine Hände die ganze Zeit auf dem Bauch. Doch ich wiederholte die Übung, legte die Hände auf eine andere Stelle, und

siehe da, mein Gefühl von vorher war sofort wieder da, diesmal noch stärker, und es fühlte sich richtig friedlich an. Ich bin froh, daß ich nicht gekniffen habe und diese Erfahrung machen konnte. Jetzt bin ich schon richtig gespannt, wie es weitergeht.

Haben Sie die Übung auch wirklich gemacht? Leider kann ich es nicht kontrollieren, aber es wäre wirklich schade, wenn Sie diese Chance verpassen würden. Ihr Kellerkind wartet auf Sie. Bedenken Sie bitte nochmals:

Mit dem Verstand zu begreifen, daß ein Kellerkind existiert, ist etwas völlig anderes, als es zu fühlen. Und damit wir Sie auf unserer Reise nicht zurücklassen müssen, machen Sie doch einfach die Übung –

Sie tun es für sich und nicht für mich.

Zur Erinnerung:

Der Schmerz, der Mangel, die Verletzung, die Sie in Ihrem jetzigen Leben spüren, sind nicht neu.

Nicht Ihr Partner fügt Ihnen neue Schmerzen zu.

Sie selbst schauen sich einen Film aus Ihrer eigenen Vergangenheit an und fühlen die unverarbeiteten Empfindungen – allerdings jetzt mit anderen Darstellern und einer veränderten Kulisse.

Entfernen der Halskrause

Kellerkind, was ist das?

Hallo, liebe kleine ... / lieber kleiner ... (Name des Kellerkindes)

Ich bin ziemlich unsicher, und ich weiß auch noch nicht so genau, wie die Kommunikation zwischen uns läuft. Doch ich möchte die Chance hier nutzen und den Kontakt mit dir aufnehmen und dir sagen, ich bin da, und ich werde mich in Zukunft bemühen, mit dir in Kontakt zu treten, und zu bleiben. Ich habe bisher nichts von dir gewußt, daß du da in mir sitzt, und es tut mir leid, daß ich dich in den Keller verbannt habe. Doch wir waren so lange getrennt, und jetzt wird es Zeit, daß wir von nun an gemeinsam durchs Leben gehen.

Hurra, endlich hört mich jemand.

Widerstände

Wenn ich meine Klienten bitte, in ihr Drehbuch zu schauen, geht es ans »Eingemachte«, und bei dem einen oder anderen tauchen Widerstände auf. Diese können sich unterschiedlich äußern. Gedanken tauchen auf oder Gefühle des Widerwillens bis hin zu körperlichen Symptomen. Einige Beispiele, wie sich Widerstände äußern:

> Bei uns gab es keine Probleme, bei uns war alles in Ordnung.
> Ich habe ein flaues Gefühl.
> Ich kriege Kopfschmerzen.
> Am liebsten würde ich etwas anderes tun, zum Beispiel mich in die Arbeit stürzen.
> Ach, dieser ganze Psychokram!
> Ich weiß das alles schon, auf mich trifft dieses Modell nicht zu.
> Warum soll ich mich noch länger mit meiner Vergangenheit beschäftigen, die ist doch vorbei.
> Ich bin Single und will einfach nur einen Partner; ich will mich nicht mit so etwas beschäftigen, es geht bestimmt auch anders.

Empfinden Sie etwas Ähnliches? Wenn ja, haben Sie jetzt gleich die Möglichkeit, diesem Gefühl auf den Grund zu gehen. Es ist wichtig, daß Sie an dieser Stelle nicht einfach weiterlesen. Schauen Sie genau hin, und seien Sie bitte kritisch sich selbst gegenüber!

Widerstände sind nichts Schlimmes, sie sind normal. Aber der Umgang der Menschen mit ihren inneren Widerständen ist in den meisten Fällen kontraproduktiv.

Der kleine Teil in Ihnen – Ihr Kellerkind – möchte gesehen und gehört werden. Das ist, wie Sie bereits wissen, mit »unangenehmen« Gefühlen verbunden. Doch sind diese Gefühle wirklich ungut? Wenn wir traurig, wütend, hilflos oder einsam sind, empfinden wir diese Gefühle als unangenehm und wollen sie am liebsten gar nicht mehr fühlen. Deshalb hat jeder von uns geniale Strategien gegen seine »unguten« Gefühle entwickelt.

Wir verbannen sie zum Beispiel in den Keller oder stürzen uns nach dem Motto »Ablenkung ist die beste Medizin« in die Arbeit. Manche Menschen drücken ihre Bedürfnisse und Gefühle unbewußt über Krankheiten aus.

Darüber hinaus läßt sich immer wieder beobachten, daß Menschen ein Gefühl mit einem anderen verdecken. Eigentlich ist ihnen zum Weinen zumute, aber es werden Scherze gemacht. Oder sie sind wütend, aber statt ihrer Wut in adäquater Weise Ausdruck zu verleihen, schweigen sie.

Wenn Sie einen der aufgeführten Widerstände spüren, kommt es zu einer Art Konflikt in Ihnen. Ihr Kellerkind will gesehen und gehört werden. **Es hat keine schlechten oder unguten Gefühle. All seine Gefühle sind ein Zeichen dafür, daß Sie leben und überhaupt in der Lage sind zu fühlen.** Sie haben bisher nur nicht gelernt, in adäquater Weise mit Ihren Gefühlen umzugehen. Das gute daran ist, daß es nicht schlimmer werden kann, denn alles, was im Drehbuch steht, tragen Sie ohnehin schon Ihr ganzes Leben mit sich herum. Sie allein treffen jetzt die Entscheidung, ob Sie weiterreisen wollen oder nicht.

Sollten Sie feststellen, daß Sie lieber wieder leiden wollen, dann **können Sie, wenn Sie wollen, jederzeit zu Ihren alten Verhaltensweisen zurückkehren.** Sie entscheiden, wie es für Sie weitergeht. Wollen Sie Ihrem Kellerkind nun Zeit und Aufmerksamkeit widmen?

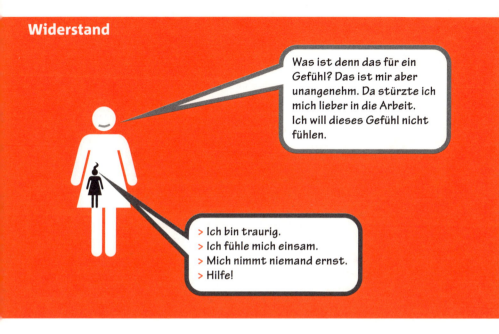

Im folgenden finden Sie Beispiele von Seminarteilnehmern, die genauer veranschaulichen, welche Widerstände an diesen Punkten auftreten können.

Die Reaktion von Klaus während des Seminars:
»Ich spüre, daß ich eine totale Ablehnung habe, mir vorzustellen, da säße ein kleiner Junge in meinem Bauch, mit dem ich jetzt reden soll. Ich komme mir so richtig lächerlich dabei vor. Das ist für mich so was wie Gefühlsduselei.«
»Ja, ich kann das gut verstehen. Aber was spricht denn wirklich dagegen?«
»Mir ist das zu blöd, ich will die Übung nicht machen.«
»Was ist denn, wenn Sie sich vorstellen, daß ein kleines Kind vor Ihnen steht und mit Ihnen reden will?«
»Ich mag keine Kinder, und Kinder mögen mich nicht.«
»Sind Sie damit einverstanden, wenn ich von dem, was wir hier gesagt haben, eine Zeichnung anfertige?«
»Ja, warum nicht?«

Widerstand von Klaus

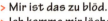

> Mir ist das zu blöd.
> Ich komme mir lächerlich vor.
> Ich mag keine Kinder.
> Diese Gefühlsduselei kann ich mir in meinem Job nicht leisten.

Ich habe so viele Gefühle, die ich gern zeigen möchte, aber niemand will sie sehen und mir helfen. Der große Klaus mag mich nicht, der findet meine Gefühle blöd. Der will nichts mit mir zu tun haben, weil der glaubt, er kann mit mir nichts anfangen, und weil er total unsicher ist. Dabei würde ich mich doch riesig freuen, wenn er endlich mit mir Kontakt aufnehmen würde.

»Wenn Sie sich die Zeichnung nun anschauen, ist das Ihrer Meinung nach so richtig?«

Ja, irgendwie schon, aber ich kann mir in meinem Job diese ganze Gefühlsduselei einfach nicht erlauben.«

»Dafür habe ich Verständnis, doch wir sind ja drei Tage nicht an der Börse – oder?«

Ja, richtig.«

»Wenn wir ein ›Worst-Case-Szenario‹ durchspielen, was könnte denn schlimmstenfalls passieren?«

»Also gut, ich gebe mich geschlagen, aber ich weiß nicht, ob ich das kann und ob das bei mir funktioniert, und – ehrlich gesagt – bleibe ich lieber auf der sicheren Seite, wo ich die Dinge kontrollieren kann.«

»Ja, ich verstehe, Kinder sind schlecht kontrollierbar, bei ihnen weiß man nie, was sie im nächsten Moment anstellen.«

»Jetzt ist es mir richtig peinlich, daß ich so widerspenstig war.«

»Das muß Ihnen wirklich nicht peinlich sein. Jeder ist schließlich so, wie er ist. Wollen Sie die Übung machen?«

»Ja, o. k.«

Wichtig ist, daß Sie sich Ihres Widerstandes bewußt werden. Sollten Sie ihn verspüren, dürfen Sie sich herzlich gratulieren, denn das bedeutet, daß Sie den Kontakt zu Ihrem Kellerkind hergestellt haben. Denken Sie einfach an das folgende Beispiel: Wir sind mit einer Reisegruppe unterwegs und durchqueren den Dschungel – nicht jeder hat den wundervollen Vogel dort drüben auf dem Baum gesehen und empfindet das gleiche bei der Wanderung.

Am Beispiel von Ute läßt sich ein weiterer Widerstand sehr schön nachvollziehen:

»*Bei uns daheim gab es keine Probleme, meine Eltern haben mich geliebt, und es war wirklich alles in Ordnung. Ich habe das Gefühl, ich bin hier falsch in dem Seminar.*«

(Wieder ein Fall für das Guinnessbuch der Rekorde – hier zum Thema »perfekte Elternschaft«.)

»Ich will Ihnen gern glauben – doch warum sind Sie dann Single und in meinem Seminar? Und warum hatten Sie in der Vergangenheit Beziehungsprobleme?«

»*Weil ich einfach noch nicht den Richtigen kennengelernt habe!*«

»Wie müßte denn Ihr ›richtiger‹ Partner aussehen beziehungsweise sein? Was gab es für Probleme in den letzten Beziehungen?«

»*Ich war verheiratet, mir einem Arzt. Wir hatten ein schönes Haus, und eigentlich war alles in Ordnung. Ich habe mich um die Praxis, um die repräsentativen Aufgaben und den Haushalt gekümmert. Es hat uns an nichts gefehlt. Doch dann habe ich herausbekommen, daß er ein Verhältnis mit einer seiner Helferinnen hatte. Ich habe mich sofort scheiden lassen. Bei meinen Eltern war das anders. Mein Vater war Augenarzt, und meine Mutter hat sich auch um Haushalt, Familie und ein wenig um die Praxis gekümmert, aber mein Vater hätte sie nie betrogen. Was glauben Sie, wie schrecklich es für meine Eltern war, als ich ihnen von meiner Situation berichtete. Sie hatten meinen Mann von Anfang an als Schwiegersohn akzeptiert, eigentlich kam für meine Eltern ohnehin nichts anderes als ein Arzt in Frage. Und schließlich war er meine große Liebe.*«

»Was für ein Gefühl hatten Sie, als Sie erfuhren, daß Ihr Mann eine andere hat?«

»Es hat einfach nur weh getan, ich habe mich ständig gefragt: Was hat die, was ich nicht habe, wieso gerade die, wieso ist sie besser als ich, wieso liebt er sie mehr als mich, wieso ist er bei ihr und nicht bei mir? Ich war so grenzenlos eifersüchtig, wütend, traurig, hilflos, ja ohnmächtig. Es war alles so unverständlich für mich. Und wenn ich ganz ehrlich bin, seitdem habe ich Angst, mich wirklich einzulassen, weil ich befürchte, daß mir so etwas wieder passiert. Ich habe ihn doch so sehr geliebt!«

»Danke für Ihre Ehrlichkeit und die Offenheit, über Ihr Gefühl zu berichten. Wenn Sie sich jetzt noch einmal dieses grausame Gefühl von Eifersucht, Wut und Traurigkeit vergegenwärtigen, fragen Sie sich doch bitte, woher aus Ihrer Kindheit Sie dieses Gefühl kennen?«

»Ich kenne dieses Gefühl nicht.«

»Haben Sie Geschwister?«

»Ja, ich habe eine kleine Schwester, die seit ihrer Geburt ständig krank war. Meine Eltern mußten sich sehr viel um sie kümmern und hatten daher weniger Zeit für mich – ist doch verständlich, oder?«

In diesem Augenblick veränderte sich das Gesicht der Teilnehmerin so deutlich, daß man hätte meinen können, die vierjährige Ute säße im Seminarraum. Die Gesichtszüge wurden traurig und hilflos. Die nächste Frage richtete ich direkt an ihr Kellerkind:

»Sag mal, Ute, wie hast du dich denn damals gefühlt, als deine Schwester auf die Welt kam?«

»Ich war erst einmal geschockt, weil ich gar nicht so recht gewußt hatte, daß meine Mutter schwanger gewesen war. Meine Schwester wurde zu Hause geboren. Am Morgen saß meine Mutter plötzlich mit meiner kleinen Schwester auf dem Arm im Wohnzimmer; es war wie ein Stich in meiner Brust, ich war so eifersüchtig und traurig, denn immer, wenn ich mit meiner Mama spielen wollte, war meine Schwester da, und meine Mama mußte sich um sie kümmern. Aber meine Mama hat mir erklärt, daß dies so sein mußte, weil sie ja krank war.«

An diesem Punkt begannen wir dann die Nachbeelterung. Wie das in der Praxis aussieht, erfahren Sie im dritten Teil dieses Buches.

»Ist das Gefühl, das Sie eben noch einmal erlebt haben, das gleiche Gefühl, das Sie hatten, als Ihr Ex-Mann Sie betrog?«

»Ja.«

»Können Sie nun den Zusammenhang erkennen zwischen Ihrem Drehbuch – also Ihrem Kellerkind, der kleinen Ute –, dem nicht verarbeiteten Schmerz und dem, was Ihnen in Ihrem jetzigen Leben widerfahren ist?«

»Ja.«

»Ich habe noch eine letzte Frage an Sie, darf ich die stellen? Ich möchte gar keine Antwort, ich möchte lediglich diese Frage stellen.«

»Ja, natürlich.«

»War der Mann, den Sie sich ausgesucht haben, eigentlich ein Mann für Sie und Ihre Bedürfnisse oder haben Sie sich diesen Mann für Mama und Papa ausgesucht, weil das so in Ihrem Drehbuch steht?«

Ute wird sehr nachdenklich!

Sehen wir uns den Fall von Ute noch einmal näher an. Für jedes Kind ist es schlimm, sich damit auseinandersetzen zu müssen, wenn von der Aufmerksamkeit, die es zuvor erhielt, nicht einmal mehr die Hälfte übrigbleibt. Natürlich mußten sich Utes Eltern um die kranke Schwester kümmern. Aber das Beispiel zeigt, daß Ute 38 Jahre lang mit einem schmerzlichen Gefühl von Eifersucht, Traurigkeit, Wut und Unverständnis herumlief und nach einem passenden Darsteller suchte, mit dessen Hilfe sie den Schmerz aus ihrer Kindheit wieder reaktivieren konnte – in der Hoffnung, ihn nun für immer zu heilen.

In Utes Drehbuch gab es also den folgenden nicht verarbeiteten Schmerz beziehungsweise Mangel:

> Mir nimmt jemand etwas weg, was ich lebensnotwendig brauche.
> Der Mensch, den ich liebe, ist für mich nicht zugänglich, hat für mich keine Zeit, kein Interesse mehr, aber ich soll das verstehen.
> Ich bin traurig, ich verstehe das nicht, ich bin wütend, ich bin eifersüchtig.

Sie sehen, wie exakt dieser Schmerz wieder zutage befördert wurde, diesmal mit veränderter Kulisse und anderen Darstellern. Ute hatte eine Situation geschaffen, in der ihr Kellerkind in seinem Schmerz wieder sichtbar wurde.

Wenn Sie einen Widerstand aufspüren, nehmen Sie sich einen Moment Zeit und zeichnen den Erwachsenen mit Ihrem Kellerkind. Schreiben Sie alle Sätze und Gefühle, die Ihnen in den Sinn kommen, auf. Wichtig ist an dieser Stelle, daß Sie bei Ihrem Gefühl bleiben, gleich, was es ist. Spüren Sie Ihren Widerstand, und bedanken Sie sich dann dafür. Es ist ein Gefühl, mehr nicht, und es gehört zu Ihnen. Wie schon gesagt, äußern sich Widerstände in unterschiedlichen Gefühlen bis hin zu körperlichen Symptomen. Auf alle Fälle tun Sie bitte eines nicht: Versuchen Sie nicht, das Gefühl sofort zu beseitigen, es kommt ohnehin wieder. Sie haben in diesem Augenblick die einmalige Gelegenheit, Kontakt zu Ihrem Kellerkind aufzunehmen und ihm die Beachtung zu schenken, die es gerade braucht. Ich möchte Ihnen nicht wie eine tibetische Gebetsmühle vorpredigen, was Sie genau sagen oder denken sollen – probieren Sie es aus, denn Sie wissen schließlich am besten, was Ihr Kellerkind braucht, da Sie ihm am nächsten sind.

Natürlich spürt nicht jeder Mensch an dieser Stelle einen Widerstand. Ich habe dieses Kapitel jedoch deshalb so ausführlich behandelt, da Widerstände immer mal wieder auftauchen und es sehr schade wäre, wenn Sie deshalb den Anschluß verpassen würden. Wenn Sie Lust darauf haben, sich nun Ihr Drehbuch anzuschauen, dann gibt es im Moment sicherlich keinen Widerstand in Ihnen. Spüren Sie eines der oben angeführten Gefühle oder Symptome, dann sollten Sie die folgende Übung machen. Sie werden sehen, es ist ganz einfach.

Mein eigener Widerstand

> Haben Sie ein »ungutes« Gefühl?
> Spüren Sie körperliche Symptome?
> Möchten Sie am liebsten etwas anderes tun?
> Wo genau in Ihrem Körper spüren Sie dieses Gefühl?

> Wenn Sie können, benennen Sie Ihr Gefühl (zum Beispiel Angst, Unsicherheit, Widerwillen, Traurigkeit, Wut).
> Vervollständigen Sie bitte die Zeichnung.
> Legen Sie Ihre Hände auf die Stelle Ihres Körpers, an der Sie das unangenehme Gefühl spüren, und schenken Sie diesem Gefühl einfach Aufmerksamkeit. Es ist Ihr Gefühl, nehmen Sie es an. Sie möchten doch in Ihrer nächsten Beziehung mit all Ihren Gefühlen angenommen werden, oder?

Ihr »unangenehmes« Gefühl – Ihr Widerstand – wird sich in ein paar Minuten verändern.

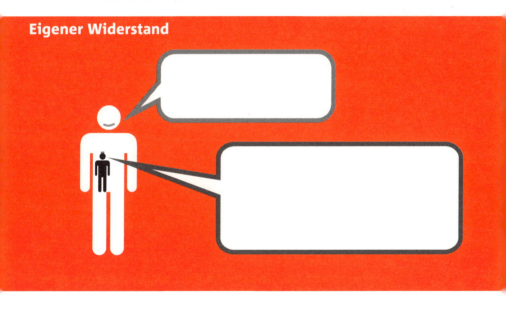

Ich fühle:

Wie hat sich mein Gefühl verändert, nachdem ich meinen Widerstand angenommen habe?

Die Lebensleinwand

Sie haben mittlerweile den ersten Kontakt mit Ihrem Kellerkind hergestellt und mögliche Widerstände, die aufgetaucht sind, beseitigt. Sie sind auf unserer gemeinsamen Reise schon ein riesiges Stück vorangekommen.

Damit Sie sich selbst davon überzeugen können, daß es wirklich einfach ist, seinem Drehbuch – dem eigenen Kellerkind – auf die Schliche zu kommen, wollen wir uns jetzt gezielt an die Arbeit machen.

Ihr Lebensfilm läuft täglich nach den Vorgaben Ihres Drehbuchs auf Ihrer Lebensleinwand ab. Sie müssen aber nicht erst auf einen neuen Darsteller warten, Sie haben ja eingewilligt, sich um Ihr Kellerkind zu kümmern und sich anzuschauen, was alles in Ihrem Drehbuch geschrieben steht.

Stellen Sie sich vor, Sie sitzen im Kino, vor Ihnen die riesige Leinwand – Ihre Lebensleinwand. Vor Ihnen läuft jetzt kein Film mit Julia Roberts und Richard Gere – nein, Sie sind die Hauptdarstellerin oder der Hauptdarsteller.

Wie heißt der Titel Ihres Films?

> Aschenputtel wartet auf den Prinzen.
> Der Prinz findet keine Prinzessin.
> Alle Prinzen sind schon vergeben.
> Alle Prinzessinnen sind untreu.
> Im Schloß ist so viel zu putzen, ich habe gerade keine Zeit.
> Bevor ich wieder einen Frosch küssen muß, bleibe ich lieber allein.
> --

Wie sehen Sie als Darsteller oder als Darstellerin aus? Wie fühlen Sie sich? Was denken Sie über sich und Ihr Single-Dasein, über Ihr Leben, Männer, Frauen, Beziehungen, Ehe, Familie?

Erinnern Sie sich bitte an den ersten Teil dieses Buches. Sie haben dort bereits herausgearbeitet, mit welchem Werbeslogan Sie durch die Lande ziehen und was Sie über Ihr Single-Dasein denken. Schauen Sie sich doch einfach noch einmal die dazugehörigen Zeichnungen an.

Ich wiederhole noch einmal einige Aussagen meiner Seminarteilnehmer zu diesem Thema:

> Ich habe Angst, mich wieder zu verlieben.
> Ich verliebe mich immer in den Falschen.
> Mich will ohnehin niemand.
> Ich bin ganz glücklich allein.
> So wie ich bin, bin ich nicht o. k.
> Ich will mich gar nicht binden.
> In einer Beziehung fühle ich mich eingeschränkt.
> Ich lerne einfach niemanden kennen.
> Ich werde sowieso immer betrogen.
> Ich kann mich nicht verlieben.
> Ich weiß nie, ob es der / die Richtige ist.
> Ich weiß gar nicht, was ich will.
> Hoffentlich lerne ich bald jemanden kennen.

Sie haben bisher geglaubt, das, was in Ihrem Leben geschieht, sei die absolute Realität. Das ist falsch! **Es ist Ihre ganz persönliche Realität**, immer wieder frei nach dem gespielt, was Ihnen Ihr Drehbuch vorgibt. Stünde etwas anderes in Ihrem Drehbuch, würde auch ein anderer Film in Ihrem Leben ablaufen.

Am Beispiel von Clarissa und Uwe möchte ich Ihnen zeigen, wie die Lebensleinwand Sie zu Ihrem Drehbuch und somit zu Ihrem Kellerkind führt:

»Clarissa, wie schaut Ihre Lebenssituation aus? Wie könnte der Titel Ihres Films lauten?«

»Da muß ich nicht gar lange überlegen. Der Titel lautet: ›Der Zug ist abgefahren!‹ Ich bin seit – ich traue mich fast gar nicht, es zu sagen – sechs Jahren Single. Und ich habe das Gefühl, ich bin über den Punkt hinweg, wieder eine Beziehung eingehen zu können. Je länger man allein lebt, um so mehr schleichen sich Macken ein, und – ehrlich gesagt – merke ich selbst, daß ich immer egoistischer werde. Ich möchte mich nicht durch einen Partner einschränken lassen, der mich fragt, wann ich heimkomme, wo ich war und mit wem. Der meint, daß man alle Dinge gemeinsam machen muß, wie siamesische Zwillinge. Ich verdiene mein eigenes Geld und bin nicht auf einen Mann angewiesen. Meine letzte Beziehung war in Ordnung, wir haben uns ineinander verliebt und dann vier glückliche Jahre zusammen verlebt, dann aber war der Lack ab. Es wurde immer langweiliger, wir hatten uns irgendwie nichts mehr zu sagen. Jeder ging seinen Weg – obwohl wir nie gestritten haben –, aber der Kick war weg. Wir waren zwar noch manchmal zärtlich miteinander, aber Sex hatten wir nur noch zu Weihnachten und zu Ostern, wie man so schön sagt. Ich will die Schuld wirklich nicht bei meinem Ex suchen, das habe ich ja gestern gelernt. Wir haben uns dann letztlich getrennt. Auch das lief völlig fair ab. Seit dieser Zeit bin ich allein. Zug verpaßt für 'ne neue Beziehung, so komme ich mir vor. In den vergangenen Jahren ist es zwar vorgekommen, daß ich mich schon mal verliebt habe, aber der Mann verliebte sich dann nicht in mich, oder es war umgekehrt.«

»Und wie fühlen Sie sich jetzt?«

»Ich fühl mich o.k. Mir ist ein bißchen langweilig, ich weiß nicht so recht – ist das ein Gefühl? Sie haben uns doch gestern dieses Bei-

spiel von der Halskrause erzählt, so fühlt es sich an. All das steckt in meinem Kopf, und was in meinem Bauch los ist, das fühle ich nicht.«

»Wenn Sie sich Ihre Zeichnung anschauen mit der kleinen Clarissa da in Ihrem Bauch und sich vorstellen, Sie würden anfangen, mit ihr zu kommunizieren, was würde sie Ihnen wohl sagen?«

»Die redet nicht mit mir. Würde ich wahrscheinlich auch nicht. Ich habe sie 30 Jahre in den Keller gesperrt, und wenn ich ihr jetzt sage, daß ich mit ihr reden will, das würde ich an ihrer Stelle auch nicht glauben.«

»Sie würden also sagen, daß Ihr Kellerkind ganz schön skeptisch ist, was die Außenwelt anbetrifft?«

»Ja, das ist völlig richtig.«

»Stellen Sie sich vor, Sie sagen ihr, daß Sie ihre Skepsis verstehen, was passiert dann?«

»Dann fängt sie an herzuschauen, und jetzt habe ich das Gefühl, als ob sich meine Halskrause zu lockern beginnt und ich wirklich Kontakt zu ihr bekomme.«

»Und wie fühlt sich die Kleine?«

»Sie hat völlig resigniert und glaubt nicht mehr daran, daß es für sie jemanden gibt, der sie liebt und der für sie da ist – die kleine Clarissa ist völlig hilflos. Es tut richtig weh, da in meinem Bauch und meinem Herzen. Ich möchte an dieser Stelle gern aufhören. Ich spüre einen riesengroßen Schmerz und weiß jetzt auch warum. Ich bin die ersten sechs Jahre meines Lebens in einem Heim aufgewachsen, weil meine Mutter mich zur Adoption freigegeben hatte. Ich bin dann adoptiert worden. Halt, jetzt muß ich erst mal für mich sortieren, was gerade mit mir passiert.«

»Darf ich Ihnen ein bißchen helfen?«

»Ja, gern.«

»Die Gefühle, die Sie, bezogen auf Ihr Single-Dasein, beschrieben haben, sind das die Gefühle, die die kleine Clarissa hatte, als Sie im Heim war?«

(Clarissa weint.)

»Ja, genauso habe ich mich gefühlt, allein gelassen, resigniert, immer mit dem Gefühl, es gibt niemanden, der mich will. Wenn ich die Augen schließe, sehe ich die kleine Clarissa, die immer am Besuchstag

gehofft hat, daß sich jemand für sie entscheidet. Ich fühle einen solchen Schmerz und möchte nicht weiterschauen.«

»Clarissa, ich kann gut verstehen, wenn Sie jetzt lieber aufhören möchten, doch Sie haben gerade eine riesige Chance. Die kleine Clarissa ist gerade so präsent und zeigt sich mit ihrem Gefühl. Ich fände es schön, wenn Sie sich ihr wenigstens ein paar Minuten widmen würden. Glauben Sie, Sie schaffen das noch?«

»Na ja, wenn ich die Kleine so sehe, dann bringe ich es nicht übers Herz, sie so stehenzulassen.«

Nach ein paar Minuten öffnet Clarissa ihre Augen und strahlt.

»Ich fühle mich erleichtert und richtig glücklich, und ich spüre ein echtes Verlangen, mich mehr um die Kleine zu kümmern.«

Woher kenne ich all die Gefühle (Kinderheim, Besuchertag im Heim, Jahre des Wartens)?

Uwe, Computerprogrammierer, nahm an einem meiner Single-Seminare teil. Anfangs hatte er Bedenken, da er meinte, er müsse sich zwingend an seine Kindheit erinnern. Das kann allerdings nicht jeder auf Anhieb; es ist auch nicht so wichtig. Wir können statt dessen unseren Lebensfilm im Hier und Jetzt anschauen und herausfinden, was im Drehbuch steht.

Ich bat Uwe, zunächst das Grundgerüst, wie Sie es in der Zeichnung auf S. 82 sehen können, aufzumalen.

Nachdem er das getan hatte, gab ich ihm als Hilfestellung folgende Fragen an die Hand: »Wie sieht Ihr jetziger Lebensfilm aus? Wie heißt der Titel Ihres Films? Stellen Sie sich vor, Sie sitzen im Kino und schauen sich gerade das Leben des Uwe Z. an – was sehen Sie da?«

»*Ich sehe einen Typen im besten Alter, der Single ist und gern eine Frau hätte, vielleicht auch eine Familie gründen möchte. Er hat eigentlich alles, was sich eine Frau wünschen kann. Er kann kochen, ist vielseitig interessiert, zärtlich, kann sich ausdrücken, hat einen intakten Freundeskreis, ist humorvoll – ja, er wird gemocht. Seine Freunde sagen zwar manchmal, er sei zu gutmütig und würde zuviel geben. Aber so ist er nun mal. Er ist ausgeglichen, wird nicht wütend, raucht und trinkt nicht. Der Titel des Films könnte heißen: ›Der perfekte Typ, der keine Frau findet!‹*«

»Super, und wie fühlt sich der Uwe in Ihrem Film?«

»*Eigentlich ganz o. k. Was heißt ganz o. k.? Das ist nicht wirklich ein Gefühl, oder? Ich habe mir mein Leben als Single eingerichtet, und es gibt nur ganz wenige Momente, in denen ich eine Frau vermisse, in denen ich richtig Sehnsucht nach einer Frau habe. Ich habe schon manchmal eine Affäre, aber auch als Single hat man doch ein Recht auf Sex, oder nicht?*«

»Natürlich, Sex ist es etwas sehr Schönes. Warum sollte jemand, der zur Zeit keine feste Partnerschaft hat, auf Sex verzichten? Wenn beide sich einig sind, ist doch alles in Ordnung. Doch ich möchte nochmals auf meine Frage zurückkommen: Wie fühlen Sie sich?«

»*Sie lassen aber auch nicht locker.*«

»Richtig, wir sind ja auch nicht nur zum Spaß hier, Sie wollen doch der Liebe Ihres Lebens begegnen – oder irre ich mich?«

»Ja, also ich fühle mich – puh – da meldet sich was aus meinem Unterbauch, ein ziemlich flaues Gefühl – ich glaube, es ist Angst, aber ganz sicher bin ich mir nicht.«

»Gut, dann schreiben Sie doch mal auf Ihre Lebensleinwand: ›Ich habe Angst.‹ Noch was?«

»Ja, ich glaube, ich muß jetzt mal so richtig Farbe bekennen. Ich fühle mich trotz allem, was ich erreicht habe, und trotz meines Freundeskreises allein. Ja, ich fühle mich so richtig hungrig nach Zärtlichkeiten, einem Menschen, der mich anlächelt, wenn ich morgens aufwache, mit dem ich beim Frühstück sitzen kann und lachen, anstatt immer nur schnell den Kaffee im Stehen 'runterzustürzen. Ich spüre jetzt auch, daß ich jemanden lieben möchte, geben und teilen. Halten Sie mich bitte nicht für blöd oder sentimental, aber dieses Gefühl, dieses Sehnen nach einer Partnerin wird ganz stark, und ich spüre so richtige Lust, nicht sexueller Art, es fühlt sich eher an wie Lebenslust. Es ist, als hätte da jemand eine Tür aufgemacht, und jetzt kommt alles auf einmal heraus.«

»Sehr gut – dann schreiben Sie bitte diese Gefühle auch noch auf. Am besten beginnen Sie die Sätze mit ›Ich‹, das ist am einfachsten.«

»Doch was ist jetzt? Jetzt, wo ich es aufschreiben will, ist es auf einmal weg, dieses Gefühl von Freude und Lust. Mir wird richtig komisch. Wo ist denn meine Freude und die Lust geblieben? Ich merke, daß ich mich in mich zurückziehe. Als ginge mich da draußen alles nichts an. Jetzt fühle ich mich wieder so wie eigentlich immer in meinem Leben, ziemlich emotionslos, so o.k. halt, wie auf so einer Nullinie – nicht negativ, aber auch nicht positiv.«

»Bitte schreiben Sie die letzten Gefühle auch noch auf: ›Ich ziehe mich zurück, ich fühle nichts mehr, ich bin emotionslos.‹ Sagen Sie mal, Uwe, dieser Gefühlsfilm, den Sie gerade durchlebt haben, ist ja ein Kapitel aus Ihrem Drehbuch, aus einem Programm Ihrer Festplatte. Woher kennen Sie das?«

»Wenn ich alles richtig verstanden habe, dann muß es etwas in meiner Vergangenheit geben, wo ich das schon mal erlebt habe. Und irgendwo gibt es dieses Kellerkind, den kleinen Uwe, der diese Gefühle hat, richtig?«

»Ja, richtig.«

»*Aber ich kann mich an nichts aus meiner Kindheit erinnern!*«
»*Das macht gar nichts. Keine Panik! Ich würde mir gern mit Ihnen zusammen noch mal Ihren Film anschauen. Holen Sie doch bitte die Freude und Lebenslust zurück. Wo in Ihrem Körper fühlen Sie die?*«
»*Es fängt im Bauch an und breitet sich im ganzen Körper aus – es ist ein richtiges Glücksgefühl. Ich habe Lust, dieses Gefühl mit anderen zu teilen, renne aber irgendwie ins Leere, und das macht mich dann wie taub. Jetzt fallen mir plötzlich Situationen aus meiner Kindheit ein. Ich war viel allein, aber es gab Momente, in denen ich genau dieses Gefühl hatte, in denen ich mich einfach glücklich fühlte. Aber dann kam ich oft nach Hause, oder ich stand morgens auf, und meine Mutter war nicht da. Sie war Krankenschwester und lebte getrennt von meinem Vater. Erst als ich etwa 16 war, ging sie eine neue Beziehung ein. Davor waren wir die ganze Zeit allein. Und in diesen Situationen empfand ich es genauso. Ich kam von der Schule und wollte ihr was erzählen, über das ich mich sehr gefreut hatte, aber ich war allein. Dann habe ich mich eben allein beschäftigt.*«
»*Hat der kleine Uwe, den Sie ja jetzt schon kennen, weil Sie ihn eben ganz deutlich spüren konnten, damals etwas beschlossen?*«
»*Worauf wollen Sie hinaus?*«
»*Ich möchte auf nichts hinaus! Können Sie sich vorstellen, daß der kleine Uwe damals etwas für sich beschlossen hat? Schließen sie Ihre Augen, und stellen Sie sich noch mal die Szene von damals vor: Der kleine Uwe ist supergut drauf, platzt fast vor Freude, und dann ist keiner da ... was hat er damals für sich beschlossen?*«
»*Natürlich, es ist besser, sich gar nicht so richtig zu freuen und das mit anderen teilen zu wollen, diese Lust erst gar nicht zu fühlen, denn dann ist der Schmerz auch nicht so groß, wenn niemand da ist. Komisch, jetzt ist es total leicht in meinem Bauch, und die Freude kehrt zurück. Ich fühle mich wie befreit. Ich hätte jetzt solche Lust, jemanden zu umarmen ...*«
»*Na, dann los! Hier sind ja genügend Menschen, wer meldet sich freiwillig?*«
Und siehe da, spontan sprangen drei Damen auf, um sich diese Umarmung nicht entgehen zu lassen. Uwes Freude steckte dann die ganze Gruppe an.

Die Lebensleinwand von Uwe

**Titel meines Films:
»Der perfekte Typ, der keine Frau findet«**

> Ich fühle mich so allein, keiner ist da, um mit mir zu teilen.
> Es ist besser, ich freue mich gar nicht so richtig, dann tut es auch nicht so weh, wenn keiner da ist.

> Mein Leben ist eigentlich o. k.
> Ich habe einen tollen Freundeskreis, und es geht mir gut.
> Ich habe Angst.
> Ich fühle mich aber manchmal schon allein.
> Ich sehne mich nach Zärtlichkeit.
> Ich will, daß jemand für mich da ist.
> Ich will lieben.
> Ich will mit jemandem teilen.
> Ich möchte mich geliebt fühlen.
> Ich habe eine solche Lebenslust, und die will ich ausdrücken, zeigen und teilen.
> Mein Gefühl ist weg.
> Ich ziehe mich in mich selbst zurück.
> Ich fühle mich irgendwie emotionslos.

Woher kenne ich all diese Gefühle (Mutter ist nie da, komme von der Schule, bin allein)?

Die aktuelle Lebensleinwand
Damit Sie sich nun Ihre Lebensleinwand anschauen können, beginnen Sie mit folgenden Schritten:

1. Schreiben Sie Ihre aktuelle Lebenssituation auf, und suchen Sie einen Titel für Ihren Film, falls Sie bei der Übung auf Seite 73 noch keinen gefunden haben.
2. Was fühlen Sie, beziehungsweise wie fühlen Sie sich in Ihrer aktuellen Lebenssituation? Beginnen Sie bitte alle Sätze mit »Ich«.
3. Was denken Sie über sich und Ihre jetzige Lebenssituation?
4. Woher kennen Sie dieses Gefühl? An was erinnert Sie das?
5. Um welche Drehbuchseite, welchen Schmerz, welchen Mangel, welche Verletzung handelt es sich?

Da ich Sie auf unserer gemeinsamen Reise nicht überfordern will, geht es in diesem Kapitel ausschließlich darum, daß Sie sich Ihres Kellerkindes bewußt werden und erkennen, um welche Drehbuchseite, welchen Schmerz es sich handelt. Den Heilungsprozeß beginnen wir im dritten Kapitel, wenn wir Ihr Drehbuch umschreiben. Doch dazu benötigen wir erst einmal den Inhalt.

Und nun sind Sie an der Reihe:

Meine Lebensleinwand

Titel meines Films:

Meine Lebensleinwand

> Lebenssituation:

> Gefühle:

> Ich:

> Welche Drehbuchseite ist aufgeschlagen?

Woher kennen Sie diesen Schmerz, diesen Mangel?

Bei welcher Drehbuchseite sind Sie gerade gelandet?

Mein Kellerkind hat folgende Verletzung, folgenden Mangel oder Schmerz erlitten:

Ich würde jetzt zu gern Mäuschen spielen und Ihr Gesicht sehen. Ist der Raum, in dem Sie sitzen, schon erhellt, ist Ihnen schon das erste Licht aufgegangen?

Ich möchte Ihnen an dieser Stelle ein großes Lob aussprechen. Sie können stolz auf sich sein, daß Sie nicht aufgegeben und die Reise mit mir fortgesetzt haben.

Danken Sie sich und Ihrem Kellerkind, daß Sie es so lange durchgehalten haben. Und wenn Sie wollen, dann danken Sie auch all den Darstellern, die in der Vergangenheit so perfekt die ihnen zugeschriebenen Rollen gespielt haben.

Und damit Sie den Julias und Richards Ihrer Vergangenheit auch wirklich danken können, wäre es sinnvoll zu wissen, welche Rollen diese Damen und Herren in Ihrem Drehbuch gespielt haben. Wir werden uns daher nun den ehemaligen Akteuren und Akteurinnen widmen.

Die Lebensleinwand meiner letzten Beziehung

Erinnern Sie sich noch an die Reisemetapher? Wenn Sie beschließen, nach Spanien zu reisen, dann haben Sie mehrere Möglichkeiten, dorthin zu gelangen, zum Beispiel mit dem Flugzeug, dem Auto oder der Bahn. Auf unserer gemeinsamen Reise biete auch ich Ihnen mehrere Alternativen, Ihr Ziel zu erreichen. Sie können sicher sein – auf einem dieser Wege werden Sie Ihr Ziel, der Liebe Ihres Lebens zu begegnen, erreichen.

Sie haben bereits eine einfache Möglichkeit kennengelernt, über Ihre aktuelle Lebensleinwand Zugang zu Ihrem Drehbuch zu bekommen. Nun zeige ich Ihnen eine weitere.

Stellen Sie sich bitte vor, Sie sitzen mir gegenüber, und ich stelle Ihnen folgende Frage:

Warum hat Ihre letzte Beziehung nicht funktioniert?

Die Antwort beginnt normalerweise mit: »Weil mein/e Ex ...«

An dieser Stelle hagelt es Vorwürfe wie: Er hatte nie Zeit für mich, sie hat immer genörgelt, wir waren einfach zu unterschiedlich, er wußte nicht, was er wollte, er konnte nicht über Gefühle reden, sie war viel zu sensibel und intolerant. Ich glaube, die Beispiele genügen. Aber irgend jemand muß doch schließlich schuld gewesen sein! Da Sie jetzt mit der Simply-Love®-Strategie begonnen haben, können Sie leider nicht mehr so einfach antworten.

Sie haben erfahren, daß Ihre letzte Beziehung nicht funktioniert hat, weil

> Sie nicht wußten, daß die Verletzungen oder der Mangel, den Sie fühlten, ein Hilferuf Ihres Kellerkindes war,
> Sie von Ihrem Partner etwas wollten, was Ihr Kellerkind benötigte,
> Sie oder Ihr Partner nicht mehr als Darsteller in Ihrem Film spielen wollten oder konnten.

Es ist daher wesentlich effektiver, sich die konkrete Frage zu stellen »Welche Drehbuchseite mußte ich mir in meiner letzten Beziehung anschauen?«.

Ich möchte Ihnen das gern am Beispiel von Beate und Axel verdeutlichen:

Beate erzählte im Seminar von ihrer letzten Beziehung, die bereits ein Jahr zurücklag. Sie hatte sich vor vier Monaten in einen anderen Mann verliebt und fühlte sich eigentlich in diesem Seminar fehl am Platz, da sie ja kein Single mehr war. Aber sie spürte, daß die alte Beziehung noch nicht richtig aufgelöst war, sie immer noch an ihren Ex-Freund dachte. Wenn sie ihm in der Stadt begegnete, womöglich noch mit seiner neuen Freundin, dann lief ihr fünf Tage »die Galle über«.

»Irgendwie liebe ich ihn immer noch, obwohl er mir damals so weh getan hat, als er sich in die andere verliebte und mir das nicht mal selbst mitgeteilt hat. Ich mußte es von anderen Leuten erfahren. Er zog sehr schnell aus, ohne daß wir unsere dreijährige Beziehung richtig beenden konnten.«

»Beate, wie lautet der Titel des damaligen Films?«

»Da muß ich jetzt regelrecht lachen: ›Auf und davon‹.«

»Was war beziehungsweise ist Ihr Gefühl damals und heute?«

»Ich bin wütend, ich bin so eifersüchtig, ich verstehe es nicht. Ich bin auch traurig, aber nur selten, meist bin ich wütend. Eigentlich reicht das gar nicht, ich hasse ihn sogar dafür. Am liebsten würde ich ihm alles mögliche an den Kopf werfen.«

»Was denn? Was würden Sie Ihrem Partner noch gern sagen?«

»›Du hast mich belogen, du hast mich betrogen, du kannst mich gar nicht geliebt haben, so wie du mich behandelt hast.‹ Ich stelle mir oft die Frage, was ich falsch gemacht habe oder warum die andere besser ist als ich. Ich kann nicht verstehen, warum er zu der anderen gegangen ist.«

»Welche Meinung haben Sie von Ihrem Ex-Partner?«

»Daß er ein Mistkerl ist, daß er feige ist und daß er lügt.«

»Was hat Ihnen gefehlt, was hat Sie am meisten verletzt?«

»Daß er mir erklärt, warum und wieso er sich in eine andere verliebt hat, daß er einfach so gegangen ist.«

»Was erwarten Sie von Ihrem Ex-Partner, den Sie nicht loslassen können?«

»Daß er mir eine Erklärung gibt, daß er sich bei mir entschuldigt und mir sagt, daß er mich geliebt hat.«

»Woher kennen Sie all diese Gefühle?«

»Wieso bin ich da nicht schon selbst draufgekommen? Ja natürlich, ich erwarte das immer noch von meinem Vater, der meine Mutter und mich damals einfach sitzengelassen und sich klammheimlich aus dem Staub gemacht hat. Ihr kennt doch alle das Lied von Udo Jürgens, das mit dem Zigaretten holen. So ähnlich war es bei ihm auch. Meine Mutter wollte mich wohl schützen und hat mir anfangs erzählt, daß der Papa gerade mal wieder irgendwo anders arbeite – was er von Zeit zu Zeit auch getan hat. Er hatte oft für einige Monate im Ausland zu tun, daher war das zuerst auch kein Problem. Dann aber haben mir Kinder aus meiner Klasse erzählt, daß mein Vater jetzt bei der Frau mit dem tollen Auto lebe – sie fuhr damals ein Cabrio, was bei uns auf dem Dorf schon etwas Außergewöhnliches war. Zu all dem kam noch, daß diese Frau ebenfalls eine Tochter hatte. Ich habe meinen Vater dann einmal mit der Frau in der Stadt gesehen, sie saßen beim Eisessen. Ich wollte zu den beiden hingehen, weil ich so unglaublich wütend und eifersüchtig war. Meine Mutter hielt es jedoch für besser, das Lokal zu verlassen. Sie wollte nicht, daß ich Kontakt zu meinem Vater hatte, erzählte mir das allerdings erst, als ich 25 war. Bis zu dem Zeitpunkt glaubte ich, mein Vater wolle von sich aus keinen Kontakt mit mir. Auch hier fehlen mir jegliche Erklärungen zu seinem Verhalten. Ich habe meinem lieben Ex-Freund Carlo ein ganz schön dickes Drehbuch aufgehalst. Er hat aber wirklich perfekt mitgespielt. Ich bin froh, daß ich jetzt weiß, warum mir das mit Carlo passiert ist.«

Lebensleinwand mit dem Ex von Beate

Titel meines Films: »Auf und davon«

> Ich liebe ihn immer noch.
> Er hat mir so weh getan.
> Ich bin sauer.
> Ich bin so wütend.
> Ich bin so eifersüchtig.
> Ich verstehe es nicht.
> Ich bin traurig.
> Ich hasse ihn dafür.
> Du hast mich belogen.
> Du hast mich betrogen.
> Du kannst mich gar nicht geliebt haben, so wie du mich behandelt hast.
> Was habe ich nur falsch gemacht?
> Warum ist die andere besser?
> Warum liebt er die andere mehr als mich?
> Er ist feige und ein Ar…
> Warum hat er mir nicht erklärt warum?
> Warum ist er einfach so gegangen?
> Ich will, daß er sich bei mir entschuldigt!
> Und mir eine Erklärung gibt.
> Ich will, daß er mir noch sagt, daß er mich liebt.

Beate **Ex-Partner**

Lesen Sie nun, wie es dem Seminarteilnehmer Axel erging:

»Als ich mir einen Titel für meinen Film überlegte, ist mir so was wie ›Bruder Tuck, immer und überall im Einsatz‹ eingefallen. Ihr kennt den sicher, das ist der Dicke bei Robin Hood oder die männliche Version von Mutter Teresa. Ich glaube, wenn ihr genau hinschaut, könnt ihr meinen Heiligenschein schon sehen. Wenn ich meine Ex-Beziehungen anschaue, dann hatte ich das glückliche Händchen, mir immer wieder Frauen auszusuchen, um die ich mich so richtig kümmern konnte. Hatten meine Freundinnen Probleme, sei es im Job oder mit der Gesundheit, mit ihren Autos, Versicherungen, den Steuern oder dem Computer, dann war ich glücklich und zufrieden. Ich hatte für jedes Problem *und alle Zicken meiner Freundinnen Verständnis. Ich habe mich in den letzten Jahren vorwiegend in Frauen verliebt, die hilfsbedürftig waren oder noch studierten. Ich habe sie bei allem, was anstand, unterstützt. Aber als sie ihr Selbstbewußtsein aufpoliert hatten und so richtig selbständig geworden waren, sozusagen keine Hilfe mehr brauchten – meine beiden letzten Freundinnen haben sich zu richtigen Karrierefrauen entwickelt –, habe ich das Interesse verloren. In beiden Fällen habe ich mich dann anderweitig verliebt. Natürlich wieder in eine Frau, die mich brauchte und die ich umsorgen konnte. Ich habe geglaubt, ich sei richtig männlich und daß die Frauen so etwas wollen wie mich, weil die Zeiten der Machos doch längst vorbei sind.*

Mir ist aber bei den Übungen etwas Entscheidendes klargeworden. In mir sitzt ein kleiner Junge, den ich überhaupt nicht sehen will – ein Kind, um das man sich nie so richtig gekümmert hat. Bei uns daheim hieß es immer: ›Der macht das schon, der kann das schon, um den brauchen wir uns nicht so sehr zu kümmern.‹ Ich habe noch zwei ältere und eine jüngere Schwester, die ständig irgendwelche Probleme hatten und um die sich meine Eltern intensiv gekümmert haben. Als kleiner Junge bin ich da richtig auf der Strecke geblieben. Bei der Übung mit der Halskrause habe ich den kleinen Axel dort in meiner Höhle gesehen, und mir wurde schlagartig bewußt, daß ich oft eifersüchtig, traurig, wütend und allein war. Dieses Gefühl war für mich fürchterlich und kaum auszuhalten. Ich habe dann begonnen, mich um andere zu kümmern, nur um nicht fühlen zu müssen, daß sich niemand um mich kümmert. Arme Frauenwelt! Wenn ich nun anfange, mich um den kleinen Axel zu kümmern, dann gibt es einen Retter weniger – aber ich möchte diesen Kreislauf ›Retter der Frauen‹ jetzt lieber beenden.«

Wir sind gemeinsam zu der wichtigsten Reise Ihres Lebens aufgebrochen, und ich habe Ihnen wiederholt versprochen, daß ich Sie an Ihr Ziel führen werde – Sie können mir vertrauen. Vielleicht fragen Sie sich, woher ich diese Gewißheit nehme? Weil ich genauso wie Sie auf der Suche nach der Liebe meines Lebens war und sie gefunden habe.

Die nächste Übung wird Sie Ihrem Ziel wieder ein ganzes Stück näher bringen.

Lebensleinwand mit den Ex-Partnern

Lebensleinwand

> Immer sind die anderen wichtiger als ich.
> Ich bin wütend.
> Ich bin traurig.
> Ich fühle mich betrogen.
> Du interessierst dich nicht wirklich für mich.
> Ich bin nicht wichtig.
> Er liebt mich nicht richtig.
> Ich will, daß er sagt, ich sei das wichtigste für ihn.

Drehbuch: Mein Bruder war immer wichtiger als ich.
Verletzung / Mangel: Mir fehlt das Gefühl, wichtig zu sein.

Paul

> Ich bin hilflos.
> Ich habe Angst.
> Ich kann nichts machen.
> Du verläßt mich, wenn ich nicht so bin, wie du es willst.
> Ich muß mich verstellen, damit du mich liebst.
> Ich tue ja schon alles, damit du bleibst.
> Ich kann dir einfach nichts recht machen.
> Er sieht nur sich, und nur er ist wichtig.
> Ich will, daß er mir sagt, daß er mich nicht verläßt.

Drehbuch: Meine Mutter hat immer an mir rumgenörgelt und mich kritisiert. Nur wenn ich genau das tat, was sie wollte, dann war sie nett zu mir.
Verletzung / Mangel: Daß ich so, wie ich bin, o. k. und liebenswert bin.

Thomas

> Ich fühle mich allein.
> Ich bin einsam.
> Ich fühle mich nicht geliebt.
> Du sagst mir nie, daß du mich liebst.
> Du zeigst mir nie, daß du mich liebst.
> Du tust nichts für mich.
> Er kann einfach keine Gefühle zeigen.
> Er liebt mich nicht.
> Ich bin nicht liebenswert.
> Ich will, daß er mir sagt und zeigt, daß er mich liebt.

Drehbuch: Bei uns wurden keine Gefühle gezeigt. Meine Eltern haben mir nie gesagt, daß sie mich lieben, sie haben es mir nie gezeigt, ich kann nicht fühlen, ob sie mich geliebt haben.
Verletzung / Mangel: Daß mich jemand in den Arm nimmt, mir Gefühle zeigt, mir zeigt, daß er mich liebt, und mir das auch sagt.

Harald

Meine persönliche Lebensleinwand in bezug auf Ex-Partnerschaften

> Was sind Ihre Gefühle bezogen auf die letzte Partnerschaft? »Ich ...«
> Was haben Sie Ihrem Partner gesagt? Was würden Sie ihm noch gern sagen? Am besten, Sie beginnen diese Sätze mit »Du ...«.
> Welche Meinung haben Sie von sich selbst?
> Welche Meinung haben Sie von Ihrer Ex-Partnerin beziehungsweise Ihrem Ex-Partner?
> Was wollen Sie noch von Ihrem Ex-Partner haben oder hören?
> Woher kennen Sie all diese Gefühle?
> Was hat Ihnen damals gefehlt, worin bestand die Verletzung?

Es ist sehr hilfreich diese Übung mit den wichtigsten Ex-Partner (soweit vorhanden) durchzuspielen.

Meine Lebensleinwand mit meinen Ex-Partner/innen

Meine Lebensleinwand — Ex-Partner

Mein Kellerkind wollte mich in meinen Ex-Beziehungen auf folgenden Schmerz, Mangelzustand oder folgende Verletzung aufmerksam machen:

Sie haben nun schon einiges über Ihr Drehbuch und Ihr Kellerkind erfahren. Nach dieser Übung tauchen in der Regel immer wieder Fragen wie diese auf:

Wenn mein Drehbuch anders ausgesehen hätte, hätte sich mein Partner dann anders verhalten?

Ich halte es für müßig zu fragen, was gewesen wäre, wenn ... Ihr damaliger Freund hat sich entsprechend der Vorgabe Ihres Drehbuchs verhalten. Als Sie mit ihm zusammen waren, hatten Sie ein bestimmtes Drehbuch und kein anderes.

Sehen wir uns dazu jetzt das Beispiel einer meiner Seminarteilnehmerinnen an:

Sabrina erzählte, daß sie sich immer wieder über eine bestimmte Verhaltensweise ihres Freundes gewundert und oft auch geärgert habe. Er sei sehr zuverlässig im Job und seinen Freunden gegenüber. Wenn er etwas zusage, könne man sich auf ihn verlassen.

»Sein gesamter Freundeskreis kann es kaum glauben, wenn ich erzähle, daß er ständig vergißt, mich anzurufen, daß er nicht einkauft, worum ich ihn bitte, daß er sich nicht um meine Winterreifen kümmert, obwohl er all das versprochen hat. Manchmal habe ich geglaubt, er tue dies absichtlich oder es laste ein Fluch auf mir. Jetzt weiß ich, woher sein Verhalten kommt. Meine Eltern waren stets gestreßt, hatten immer viel zu tun. Wir waren drei Geschwister und ich bin immer irgendwie zu kurz gekommen. Tja, und jetzt gibt es eine einfache Erklärung – mein Freund hat lediglich seine Rolle im Drehbuch der kleinen Sabrina gespielt.«

Dauert es nicht Jahre, um ein ganzes Drehbuch umzuschreiben?

Wenn man sich alle Situationen, in denen das Kellerkind verletzt wurde oder einen Mangel erlitten hat, einzeln vornehmen müßte, würde das bestimmt Jahre in Anspruch nehmen. Aber es geht viel schneller! Es kommt natürlich auf Ihre Motivation an und darauf, wieviel Zeit Sie in Ihr Glücks- und Liebesdrehbuch investieren. Ihr Kellerkind sitzt im Keller und ist traurig. Sie fühlen sich niedergeschlagen und allein. Im Normalfall ist der Mensch so gepolt, daß er überlegt, wie er hier Abhilfe schaffen kann, wie dieses Gefühl beseitigen, wie diesem Zustand entgehen. Manche kaufen sich etwas Schönes, oder sie machen Sport, rufen eine Freundin an, stürzen sich in die Arbeit, erledigen lieber Dinge, die sie sonst hassen (bei mir war es das Bügeln), oder sie suchen sich sonst eine Ablenkung, um diesem »negativen« Gefühl zu entfliehen. Doch was passiert? Das Kellerkind sitzt weiterhin im Keller und wartet auf den passenden Moment oder einen geeigneten Darsteller, und schon taucht dieses Gefühl wieder auf der Lebensleinwand auf. Es ist daher sinnvoll und wesentlich effektiver, sich sofort dem »negativen Gefühl« zu widmen, um seinem Kellerkind Liebe, Zuwendung, Achtung, Respekt, Wertschätzung – oder was ihm gerade fehlt – zu geben. Bedenken Sie bitte nochmals: **In jedem Augenblick, in dem Sie sich schlecht fühlen, kommuniziert Ihr Kellerkind mit Ihnen und hofft darauf, daß sich nun jemand kümmert.** Wenn Sie das nicht übernehmen, wer soll es dann tun – wieder ein neuer Darsteller?

Thomas, ein Seminarteilnehmer, erzählte an diesem Punkt von seinen Erfahrungen.

»Mir leuchtet das Modell ziemlich ein, dennoch taucht die ganze Zeit immer wieder eine Frage auf. Ich habe mich noch nie sonderlich um mich gekümmert, ich bin ein eher rationaler Mensch. Alle meine früheren Freundinnen haben sich jedoch rührend um mich und mein Wohl gekümmert. Ich hoffe, es nimmt mir niemand übel, wenn ich sage, jede meiner Freundinnen war eine Kombination aus Krankenschwester, Mama und Sekretärin. Und meine Schwiegermütter liebten mich wie Patrick Lindner. Sie aber sagen, wenn ich mich nicht selbst um mich kümmere, wie soll das dann ein anderer tun – trotzdem haben alle Frauen in meinem Leben es getan. Das verstehe ich nicht.«

»Vielen Dank für diese Frage. Ich würde Ihr Beispiel gern anhand einer Zeichnung erklären. Aber zuvor möchte ich Ihnen noch ein paar Fragen stellen, darf ich?«

»Ja, klar.«

»Was waren die Trennungsgründe?«

»Zum einen, daß in den meisten Beziehungen der Sex nicht mehr funktionierte. Und zum anderen haben mir die Frauen vorgeworfen, sie würden alles für mich tun, aber ich würde in die Beziehung nichts einbringen.«

»Wie war Ihr Verhältnis zu Ihrer Mutter?«

»Super, klasse! Ich bin mit meiner Mutter und meiner Oma aufgewachsen. Mein Vater war beruflich viel unterwegs, und die beiden Damen haben sich aufopfernd um mich gekümmert – sie haben mich immer ihren Sonnenschein genannt. Ich habe alles bekommen, es war mir sogar manchmal zuviel. Ich mußte mich um überhaupt nichts kümmern.«

Anhand der Zeichnung ist ersichtlich, wer mit welchem Drehbuch in diese Beziehung gegangen ist. Thomas hat, wie es beim kleinen Thomas im Drehbuch steht, wieder eine Frau um sich herum, die ihn umsorgt und alles für ihn und sein Kellerkind tut. In ihrem Drehbuch steht dagegen der Plot: »Um mich kümmert sich keiner.« Und natürlich hat Thomas diese Rolle übernommen. Sie sehen, wie genau wir uns die Darsteller für unsere Rollen aussuchen.

Nachdem wir im Seminar bereits einige Drehbücher angeschaut hatten, meldete sich Andrea zu Wort.

»Wenn ich die Probleme der anderen höre, wird mir richtig mulmig, und ich finde es sehr bedauerlich, was den anderen in der Gruppe so passiert ist. Bei uns gab es das alles nicht. In meinem Leben lief bisher alles völlig normal. Daß mein erster Freund und ich uns getrennt haben, war auch o. k. Es hat weh getan, aber es war eine Jugendliebe, und wir haben uns unterschiedlich weiterentwickelt, und jetzt bin ich Single.«

»Die Drehbücher der Menschen sind sehr verschieden. Manche gleichen leider einem Horrorszenario, in anderen haben Kellerkinder nur kleine Verletzungen, so ist das Leben. Es berührt auch mich oft zutiefst, was ein Kind so alles erleiden mußte, doch daran können Sie und ich nichts mehr ändern. Aber wir alle sind mit einem freien Willen ausgestattet worden. Als Kinder waren wir Opfer der Umstände und abhängig von unseren Bezugspersonen, doch heute müssen wir nicht als Opfer durchs Leben gehen. Wir können – vorausgesetzt, wir wollen es – jeden Tag beginnen, unsere Drehbücher umzuschreiben. Aber Andrea, irgend etwas hat auch Sie hier in das Seminar geführt, oder?«

»Ja, stimmt. Meine Freundin hat mir den Tip gegeben, weil sie der Meinung war, ein bißchen hinter die Kulissen zu schauen könnte mir nicht schaden. Ich habe oft solche ›Heile-Welt-Gedanken‹, und vielleicht beschönige ich auch ab und an Dinge, die mir passieren oder passiert sind. Ich habe die Übung mit dem Kellerkind gemacht, und es hat richtig gut getan. Ich habe mich sofort ganz entspannt gefühlt. Dann habe ich meine Lebensleinwand mit Kellerkind und Drehbuch gezeichnet – aber ich finde nichts, was mich weiterbringt.«

»Wie ich bereits gesagt habe, verfügen wir über mehrere Möglichkeiten, zu unserem Ziel zu gelangen. In Ihrem Fall schlage ich vor, daß wir uns den Rucksack, den Sie aus Ihrer Vergangenheit mit sich herumschleppen, genauer anschauen. Ich bin mir sicher, wir werden darin etwas finden.«

Der Rucksack der Vergangenheit

Ich hoffe, Ihnen geht noch nicht die Puste aus. Wir sind bisher vom Drehbuch hin zu Ihrem Kellerkind gereist und haben uns die Lebensleinwände verschiedener Epochen Ihres Lebens angeschaut. Nun machen wir Rast, um uns Ihrem Rucksack zu widmen, den Sie schon die ganzen Jahre, die Sie hier auf dem Planeten verbracht haben, mit sich herumschleppen.

Wir werden einige Dinge in Ihrem Rucksack entdecken, die Sie sicherlich gern weitertragen werden. Andere werden wir uns genau anschauen, und Sie entscheiden, ob Sie mit dieser Last weiterreisen wollen oder ob es an der Zeit ist, sie endgültig über Bord zu werfen.

In den vergangenen Jahren habe ich in viele Rucksäcke geschaut und fand die Ursachen für das Single-Dasein. Sie liegen

> beim »Familienfunk«,
> in den Beschlüssen, die Sie als Kind aufgrund der von Ihnen erlebten Situationen gefaßt haben,
> in dem Glauben, den Sie über sich selbst und Ihre Umwelt gewonnen haben,
> in Ihrem ganz persönlichen Liebescode.

Der Familienfunk im Drehbuch
Da kommt so ein kleiner Wurm auf die Welt und weiß überhaupt nichts von der Welt, ist neugierig auf alles und nimmt alles auf, was seine Umgebung ihm anbietet. Dieses Kind, das Sie einst waren, kann nicht unterscheiden, ob die Dinge nun richtig oder falsch, gut oder schlecht sind. Es wird einfach alles im Drehbuch niedergeschrieben.

Wir schauen nun als erstes in den Rucksack von Andrea und widmen uns ihrem Familienfunk.
»Andrea, erzählen Sie uns doch bitte mal, wie es bei Ihnen daheim so war.«
»*Ganz normal, da gibt es wirklich nichts Besonderes zu erzählen. Ich weiß und habe gefühlt, daß mich meine Eltern lieben. Meine Schwester und ich sind eigentlich gleich behandelt worden. Meine Eltern hatten Zeit für uns, haben mit uns gespielt – ich hatte eine ganz normale Kindheit. Auch heute noch, nach mehr als 25 Jahren Ehe, verstehen sich meine Eltern sehr gut. Mein Vater hat sich immer um die Familie gekümmert. Meine Eltern bedauern es sehr, daß ich jetzt schon seit zwei Jahren keinen Freund habe, sie würden sich für mich freuen. Meine Schwester ist mit einem tollen Mann verheiratet und hat mittlerweile ihr erstes Kind bekommen. Meine Mutter sagt immer zu mir: ›Andrea, der Richtige wird schon kommen. Du bist eine tolle Frau und hast einen guten Mann verdient.‹ Tja, und irgendwie warte ich darauf und glaube auch daran. Ich habe im letzten Urlaub einen ganz tollen Mann kennengelernt – er sah gut aus, wir hatten superviel Spaß miteinander, haben viel gemeinsam unternommen. Er war sehr zärtlich und sagte mir, daß er sich in mich verliebt habe. Ich habe ihm nichts von meinen Gefühlen erzählt, ich wollte einfach mehr Sicherheit. Leider war der Urlaub dann zu Ende. Er wohnt verhältnismäßig weit entfernt, hat sich noch einige Male gemeldet, doch dann brach der Kontakt ab.*«
»Was glauben Sie, wieso?«
»*Da er sich nicht mehr gemeldet hat, hatte er wohl doch nicht so viel Interesse an mir.*«

»Was haben Sie von Ihrer Mutter und Ihrem Vater über Männer gelernt?«

»*Meine Mutter sagte immer, es sei besser, wenn der Mann den ersten Schritt mache. Ich solle ruhig abwarten, dann würde ich wissen, ob es der Richtige sei. Ich bin sehr zurückhaltend und zeige nicht gern schnell meine Gefühle. Mein Vater war ja echt ein Vorbild. Er hat sich sehr um meine Mutter bemüht, das erzählen sie uns heute immer noch. Was mein Vater alles unternommen hat, um meine Mutter zu kriegen! Anfangs waren ihre Eltern überhaupt nicht einverstanden mit ihm. Aber dann war auch meine Oma total happy, als sie sah, wie sehr sich mein Vater um meine Mutter bemühte.*«

»Andrea, darf ich anhand Ihrer Geschichte den Rucksack der Vergangenheit erläutern?«

»*Ja, gern. Ich wäre ja froh, meinem Single-Dasein ein Ende bereiten zu können.*«

Die folgende Zeichnung zeigt Andreas Rucksack der Vergangenheit – ihren persönlichen Familienfunk.

Andreas Rucksack der Vergangenheit – Der Familienfunk

Mutter:
> Männer müssen den ersten Schritt machen.
> Halte dich zurück, und erzähle nichts von deinen Gefühlen.
> Dein Vater hat sich um mich bemüht. Das soll dein Mann auch tun.
> Warte erst mal ab, bis du ganz sicher bist.
> Männer müssen sich bemühen.

Vater:
Männer müssen sich um Frauen bemühen, genauso wie ich auch gekämpft habe, um deine Mutter zu bekommen.

Andrea:
> Ich darf meine Gefühle nicht zeigen.
> Der Mann muß sich bemühen, bis ich mir ganz sicher bin.

Neuer Mann: Sie hat wohl kein Interesse an mir.

Andrea: Ich finde ihn schon klasse und mag ihn auch, er ist ein guter Typ.

Nein, Hilfe, bloß nicht aktiv werden, du darfst nichts sagen, du mußt dir erst sicher sein. Er muß sich bemühen, du mußt abwarten – er ist nicht der Richtige, wenn er sich nicht bemüht und du nicht das Gefühl hast, daß du dir sicher bist.

Am Beispiel von Andrea wird deutlich, was die kleine Andrea von ihrer Mutter übernommen hat. In ihrem Drehbuch steht: Du mußt abwarten, bis du sicher bist, daß dieser Mann der Richtige ist. Die Aufgabe des Mannes ist, sich um dich zu bemühen. Du tust erst mal gar nichts, zeigst deine Gefühle noch nicht. Obwohl die große Andrea starkes Interesse an ihrer Urlaubsbekanntschaft hatte, konnte und durfte sie wegen der Informationen, die in ihrem Drehbuch standen, nicht handeln.

Diese Übung hatte Andrea am Samstag während des Seminars gemacht. Sonntag morgen erschien sie wie ausgewechselt im Seminarraum, geschminkt, die Haare offen und richtig vergnügt, was sofort allen anderen Teilnehmern auffiel. »Na, was ist denn mit dir passiert, hattest du heute nacht eine Erscheinung?« war der Spruch eines Teilnehmers. Andrea grinste und erzählte, daß sie am vorigen Abend noch allen Mut zusammengenommen und ihre Urlaubsbekanntschaft angerufen hatte. Es stellte sich heraus, daß er geglaubt hatte, sie habe kein Interesse an ihm, da sie ihm absolut nicht entgegengekommen war. Irgendwann hatte er dann aufgegeben. Jetzt wollten sie sich gleich am nächsten Wochenende treffen. Die zwei haben mir ein halbes Jahr später eine Postkarte aus dem Urlaub geschickt; soweit ich weiß, sind sie noch immer ein Paar.

Familienfunk Alexander

Alexanders Mutter hatte eine Fehlgeburt gehabt, bevor sie mit ihm schwanger war. Die ganze Hoffnung wurde nun in Alexander gesetzt: Er mußte leben. Während der Schwangerschaft durchlebte die Mutter nun tausend Ängste. Sobald irgendwo etwas zwickte, befürchtete sie eine erneute Fehlgeburt. Als Alexander dann endlich auf der Welt war, wurde er verhätschelt und durfte keinen Schritt allein gehen. Aus Angst, ihm könne etwas zustoßen, wurden ihm viele kindliche Aktivitäten vorenthalten – alles unter dem Deckmantel der Liebe. Und genau hier liegt das Problem: Liebe heißt, einem Kind seinen Freiraum zu geben, ihm die Möglichkeit zu lassen, eigene Erfahrungen zu machen, auch wenn sie weh tun. Alexander hatte in seinem Drehbuch folgendes niedergeschrieben: Ich darf dieses und jenes nicht tun, sonst ist Mama böse auf mich oder hat Angst um mich. Nie darf ich das tun, was ich will und was mir Spaß macht. Wenn ich ausgehe und mein Leben genieße, hat meine Mama Angst. Das verursacht in mir schlechte Gefühle, die ich nicht ertragen will, also bleib ich lieber daheim.

Was glauben Sie, welche Probleme Alexander wohl in mein Seminar führten? Bei ihm mußten immer die Frauen den ersten Schritt tun, weil er sich nicht traute, auf eine Frau zuzugehen. Er fühlte sich von den Frauen dominiert. Wenn er etwas unternehmen wollte, was ihm Spaß machte, wie zum Beispiel mit seinen Freunden loszuziehen, dann war seine Freundin sauer und machte sich Sorgen. Es gab jedesmal Streß, wenn er fortgehen wollte, und so mutierte er langsam zur Couch Potatoe. Seine Kontakte zu seinen Freunden schliefen langsam ein. Er wurde immer unzufriedener, und irgendwann beschloß er, die Beziehung zu beenden – um sich dann wieder eine neue Darstellerin für sein Drehbuch zu suchen.

Familienfunk Christina

Christina wuchs mit zwei Schwestern auf, einer älteren und einer jüngeren. Ihr Vater war bei ihrer Geburt sehr enttäuscht, weil er sich bereits beim ersten Kind einen Sohn gewünscht hatte, und nun war es schon wieder ein Mädchen. Er konnte sie nicht als Tochter annehmen, er wollte schließlich einen Jungen. So erfuhr Christina schon sehr früh Ablehnung durch ihren Vater. Was wurde also im Programm ihrer Festplatte, in ihrem Drehbuch gespeichert?

»Ich bin nicht o. k., mit mir stimmt etwas nicht.« Kinder lieben ihre Eltern, ganz gleich wie diese sie behandeln. **Wir müssen lieben oder uns geliebt fühlen, um zu überleben.** Um den Schmerz der Ablehnung nicht mehr fühlen zu müssen, begann die kleine Christina sehr früh, nach dem Motto zu leben: Was kann ich tun, wie muß ich sein, damit du mich liebst und anerkennst. Diese Verhaltensweise setzte sich natürlich in ihren Beziehungen fort. Sie verliebte sich stets in Männer, die sich nicht in sie verliebten, die sie nicht wirklich wollten. Sie aber tat für diese Männer alles.

Familienfunk Marion

Marion, 49 Jahre, wuchs mit sechs Geschwistern auf. Es fehlte den Eltern an Zeit, Geld und Kraft, sich gleichwertig um alle Kinder zu kümmern. Es war oft ein Hauen und Stechen nicht nur um Schokolade, sondern auch um Zuwendung.

Marion beschloß als Kind, lieber auf alles zu verzichten, als sich diesem ständigen Konkurrenzkampf auszusetzen. Zwischendurch, wenn es den Eltern mal wieder zuviel war, hörte sie dann auch Sprüche wie: »Sieben Kinder sind eigentlich zuviel, die letzen vier hätte es nun wirklich nicht mehr gebraucht«. Sie fühlte sich hilflos und ungewollt. Hinzu kam noch, daß ihr Vater trank und ihre Mutter die ganze Verantwortung für die Familie allein tragen mußte. Da Marion das vierte Kind war, fühlte sie sich immer für die kleineren und deren Wohlergehen verantwortlich. Ähnlich sahen ihre Beziehungen aus: Männer, die nicht wirklich Verantwortung für die Beziehung übernahmen. Sie verliebte sich auch gern in Männer, die schon Kinder hatten, sich aber nicht um diese kümmerten. Das übernahm dann Marion. Sie selbst brauchte ja nicht viel, lieber gab sie den anderen. Darüber hinaus fanden wir noch etwas anderes beim Durchforsten ihres Drehbuches, nämlich ein Gelübde: So wie meiner Mutter soll es mir nie gehen. Familie ist schrecklich, heiraten und dann soviel Verantwortung – nein, das will ich auf keinen Fall. Ich werde nicht heiraten, und Kinder will ich auch keine.

Familienfunk Annabel

Annabel, 31, wuchs mehr oder weniger bei ihren Großeltern auf, da beide Eltern damit beschäftigt waren, ein Geschäft aufzubauen, und keine Zeit hatten, sich um Annabel zu kümmern. Die schönsten Erlebnisse hatte sie mit ihrem Großvater. Er spielte mit ihr, kletterte mit ihr auf Bäume, sang mit ihr und erzählte ihr jeden Abend Gutenachtgeschichten. Sie liebte ihn, und er liebte sie.

Eigentlich eine Bilderbuchkindheit. »So einen Mann wie meinen Großvater heirate ich später auch mal«. Sie werden sich jetzt sicherlich fragen, wo nun in Annabels Drehbuch das Problem liegt.

Ihr größter Schmerz bestand darin, im Alter von acht Jahren ihren Großvater zu verlieren. Nach der Schule stürmte sie wie immer ins

Zimmer ihres Großvaters, der jedoch nicht mehr da war. Die Haushälterin sagte ihr: »Dein Opi ist fortgegangen«. Im Trubel um den Tod des Großvaters kümmerte sich niemand um Annabel. Man hatte sie vergessen und fand sie erst Stunden später, am Bach sitzend. Als nach einigen Tagen die Beerdigung stattfand, beschloß die Familie, Annabel daheim zu lassen um das Kind mit dem Begräbnis nicht zu überfordern.

Wir fanden also in Ihrem Drehbuch folgende Informationen:

> Der Mensch, den ich liebe und der mich liebt, verläßt mich.
> Ich kann das nicht verstehen. Wieso hat er mich allein gelassen?
> Ich bin allein. Wo ist er nur hin?

Als Annabel ins Seminar kam, erzählte sie uns ihre Geschichte: Sie hatte bisher zwei für sie sehr wichtige Beziehungen hinter sich. Die Männer waren beide 15 Jahre älter als sie gewesen, und sie war mit beiden überglücklich, alles war in bester Ordnung.

»Ich kann einfach nicht verstehen, was mir jetzt schon zum zweitenmal passiert ist. In meiner ersten Beziehung kam ich nach einer Fortbildung heim und hatte irgendwie schon auf der Heimfahrt ein ganz komisches Gefühl. Als ich das Haus betrat, wußte ich sofort, daß irgend etwas anders war als sonst. Die Kleidungsstücke und persönlichen Sachen meines Freundes waren alle fort. Ich fand auf dem Küchentisch lediglich einen Zettel, auf dem stand: ›Ich kann es dir nicht erklären, ich liebe dich, aber ich muß gehen.‹ Ich verstand gar nichts mehr und brach dann zusammen. Ich habe wochenlang nicht richtig essen können, auch nicht arbeiten, ich habe die Hölle durchgemacht, weil ich überhaupt nicht wußte, wohin er gegangen war. Sieben Monate später habe ich dann erfahren, daß er eine Frau kennengelernt hat, die in Spanien lebt und zu der er gezogen ist. Ich habe nie wieder von ihm gehört. Ja, und meine letzte Beziehung endete gerade erst vor einem Jahr. Mein Freund kam bei einem Unfall ums Leben. Ich stehe noch oft am Fenster und wünsche mir, daß er zurückkommt. Doch nachdem ich die Simply-Love®-Strategie verstanden habe, ist mir klar, daß ich den Schmerz über den Tod meines Großvaters nie verarbeitet habe und daß mit diesen Männern, in die ich mich verliebte, mit jedem ein Stück des alten Schmerzes von Klein-Annabel an die Oberfläche kam. Unglaublich, wie exakt wir uns an unsere Drehbücher halten und dazu die passenden Darsteller finden.«

Unsere gemeinsame Reise wird nun vielleicht an einigen Stellen unangenehm werden. Wir durchqueren Gebiete, die dunkel und Ihnen unbekannt sind, Strecken, die Ihnen Mühe bereiten könnten, und wir werden Situationen begegnen, die in Ihnen Unsicherheit oder Angst hervorrufen können.

Wieso sage ich Ihnen das als Ihre Reiseleiterin? Weil es meine Verantwortung ist, Sie darauf hinzuweisen, was eventuell auf unserer nächsten Etappe geschehen könnte. Allerdings werden Sie auch Erlebnisse haben und Erkenntnisse gewinnen, die Ihnen niemand mehr nehmen kann, die Sie für Ihr weiteres Leben nutzen sollten. Wenn Sie erst einmal angekommen sind, werden Sie nicht mehr an die »Blasen an Ihren Füßen« denken, die Sie sich – im übertragenen Sinne – gelaufen haben.

Erinnern wir uns noch einmal an Ute, die von ihrem Mann, dem Arzt, betrogen wurde. Sie fand in ihrem Drehbuch den folgenden Auftrag ihrer Eltern: Für uns kommt nur ein Arzt in Frage, alles andere ist nicht standesgemäß, und so bleibt die Praxis in der Familie.

Soweit mir bekannt ist, besitzt Utes neuer Freund ein Restaurant.

Ihr Hauptaugenmerk sollten Sie beim Durchforsten Ihres Rucksacks auf folgendes richten:

> - Verletzungen, die Sie als Kind erlebten
> - Ungerechte Behandlungen
> - Jegliche Form von Mangel, wie zum Beispiel Mangel an Anerkennung, Zärtlichkeit, Zeit, Wertschätzung, Respekt, Raum, Achtung
> - Traumatische Erlebnisse, wie zum Beispiel Verluste aufgrund von Tod oder Scheidung
> - Überforderungen, beispielsweise zuviel Verantwortung in der Kindheit
> - Ablehnung innerhalb der Familie
> - Mißbrauch – physischer, psychischer oder auch sexueller Art
> - Ängste, die Sie hatten, egal, ob sie aus Ihrer Sicht berechtigt waren oder nicht. Bedenken Sie bitte: Ein Kind hat Angst, weiß aber nicht, ob diese Angst berechtigt ist oder nicht.
> - Welche Aufträge gab es von seiten Ihrer Familie?
> - Welche Wünsche hatten Ihre Eltern für Sie?
> - Welche »Gelübde« haben Sie damals abgelegt?
> - Was haben Sie für sich und Ihr Leben entschieden, als Sie ein Kind waren?

Drehbuch: Mutter

Wenn Sie sich nun anschauen, was Ihre Mutter Ihnen an Informationen für Ihr Drehbuch mitgegeben hat, bedenken Sie bitte nochmals: Es geht nicht um Schuldzuweisungen!

Versetzen Sie sich noch einmal in Ihre Kindheit zurück, und schreiben Sie aus der Sicht des Kindes, das Sie damals waren.

Drehbuch: Mutter

Mutter

> Du hast mich nicht gewollt.
> Du hast nie richtig Zeit.
> Du arbeitest immer, alles andere ist wichtiger als ich.
> Du bist traurig und unglücklich und gibst mir die Schuld daran.
> Du bist ungerecht.
> Du kümmerst dich nur um mich, wenn ich krank bin.
> Du willst, daß ich mich um dich kümmere.
> Du findest meine Gefühle albern.
> Ich bin traurig.
> Ich fühle mich überfordert.
> Ich bin einsam.

Fragen, die Ihnen weiterhelfen:

> Waren Sie von Ihrer Mutter gewollt?
> Wie hat Ihre Mutter die Schwangerschaft mit Ihnen erlebt?
> Wie war Ihre Geburt?
> Hatte Ihre Mutter Zeit, sich um Sie zu kümmern?
> War Ihre Mutter glücklich darüber, Mutter zu sein?
> Wie hat Ihre Mutter Sie unterstützt, motiviert?
> Wie hat Ihre Mutter die Mutterrolle gelebt?
> Was hat Ihre Mutter sich für Sie gewünscht?

- Wie hat Ihre Mutter Sie auf die Rolle der Frau/ des Mannes vorbereitet?
- War Ihre Mutter zärtlich zu Ihnen?
- Wie ging Ihre Mutter mit Ihren Wünschen um?
- Wie wurden Sie behandelt, wenn Sie traurig waren – wie, wenn Sie wütend, freudig, albern, kindisch, eifersüchtig, kreativ waren?
- Hat Ihre Mutter Sie gelobt?
- Hatten Sie das Gefühl, Verantwortung für Ihre Mutter übernehmen zu müssen?
- Hatten Sie das Gefühl, alles tun zu müssen, damit Ihre Mutter glücklich, zufrieden und stolz auf Sie war?
- Haben Sie sich durch die Anweisungen Ihrer Mutter überfordert gefühlt?
- Fühlten Sie sich bedingungslos geliebt?
- Gab es mehr Zuwendung für Ihr »Dasein« oder für Leistung?
- Hat Ihre Mutter Ihnen gesagt, daß sie Sie liebt?
- Haben Sie das auch so empfunden?
- Waren Sie etwas Einzigartiges für Ihre Mutter?
- Hat Sie mit Ihnen gespielt?
- Wie hat sie Sie auf Ehe, Familie, Beziehungen vorbereitet?

Mein persönliches Drehbuch: Mutter

Am einfachsten ist es für Sie, wenn Sie die folgende Zeichnung vervollständigen.

Mein tiefster Schmerz, mein Gefühl des Mangels, meine Verletzung, bezogen auf meine Mutter:

Drehbuch: Vater

Wenn Sie sich anschauen, was Ihr Vater Ihnen an Informationen für Ihr Drehbuch mitgegeben hat, bedenken Sie bitte auch hier: Es geht nicht um Schuldzuweisungen!

Versetzen Sie sich wiederum in Ihre Kindheit zurück, und schreiben Sie aus der Sicht des Kindes, das Sie damals waren.

Fragen, die Ihnen weiterhelfen:

> Waren Sie von Ihrem Vater gewollt?
> Hatte Ihr Vater Zeit, sich um Sie zu kümmern?
> War Ihr Vater glücklich darüber, Vater zu sein?
> Wie hat Ihr Vater Sie unterstützt, motiviert?
> Wie hat Ihr Vater seine Vaterrolle gelebt?
> Was hat Ihr Vater sich für Sie gewünscht?
> Wie hat Ihr Vater Sie auf die Rolle der Frau/des Mannes vorbereitet?

- War Ihr Vater zärtlich zu Ihnen?
- Wie ging Ihr Vater mit Ihren Wünschen um?
- Wie wurden Sie von Ihrem Vater behandelt, wenn Sie traurig waren – wie, wenn Sie wütend, freudig, albern, kindisch, eifersüchtig, kreativ waren?
- Gab es Komplimente, Anerkennung von Ihrem Vater?
- Hatten Sie das Gefühl, Verantwortung für Ihren Vater übernehmen zu müssen?
- Hatten Sie das Gefühl, alles tun zu müssen, damit Ihr Vater glücklich und zufrieden ist?
- Haben Sie sich durch die Anweisungen Ihres Vaters überfordert gefühlt?
- Fühlten Sie sich bedingungslos geliebt?
- Gab es mehr Zuwendung für Ihr »Dasein« oder für Leistung?
- Hat Ihr Vater Ihnen gesagt, daß er Sie liebt?
- Haben Sie das auch so empfunden?
- Waren Sie etwas Einzigartiges für Ihren Vater?
- Hat er mit Ihnen gespielt?
- Wie hat er Sie auf die Ehe, Familie, Beziehungen vorbereitet?
- Was dachte Ihr Vater über Frauen?
- Wie hat sich Ihr Vater gegenüber Ihrer Mutter verhalten?
- Wie war die Rolle Ihres Vaters in der Ehe?

Mein persönliches Drehbuch: Vater

Mein tiefster Schmerz, mein Gefühl des Mangels, meine Verletzung, bezogen auf meinen Vater:

Drehbuch: Geschwister

Ich möchte Ihnen ein Beispiel aus meinem Geschwister-Drehbuch erzählen:

Ein Freund rief mich an und sagte: »*Hallo, ich bin's, wie geht es dir? Mir geht es übrigens gut. Könntest du mir bitte ... besorgen? Geht es diese Woche noch?*« Ich spürte ein bedrückendes Gefühl und vertröstete ihn auf die nächste Woche. Nachdem ich den Hörer aufgelegt hatte, wurde ich erst sehr wütend und dann traurig. Es war mir nicht mehr möglich, mich auf meine Arbeit zu konzentrieren. Ich packte alles beiseite, malte die große und die kleine Katja mit der Lebensleinwand und schrieb den Titel »Katja ist für alle da«. Dann schrieb ich alles auf, was ich diesem Freund am liebsten um die Ohren gehauen hätte:

> Du rufst immer nur an, wenn du was von mir willst.
> Du interessierst dich nicht wirklich für mich.
> Du hast mich nur gefragt, wie es mir geht, weil ich wieder etwas für dich tun sollte.
> Du denkst nur an dich.
> Du tust nie etwas für mich.
> Wenn ich dich um etwas bitte, muß ich jedesmal ewig warten.
> Du bist und bleibst ein Mistkerl.
> Ich fühle mich ausgenutzt.
> Ich fühle mich benutzt.
> Ich bin traurig.
> Ich bin wütend.
> Ich will mit dir nichts mehr zu tun haben.

Ich hätte jetzt zum Hörer greifen und dem vermeintlichen Verursacher all dieser Gefühle gehörig die Meinung sagen können. Doch das tat ich nicht, denn ich hatte »Kellerkindalarm«. Ich selbst hatte diesen Freund zum Darsteller in meinem aktuellen Lebenskino gemacht. So konnte ich mir nun einen alten Schmerz aus meiner Vergangenheit anschauen. Früher war der Darsteller mein Bruder. Ich empfand genau den gleichen Schmerz wie damals. Ich liebte meinen Bruder, ich kümmerte mich um ihn, doch leider kam nie etwas von ihm zurück. Wenn ich in meinem Drehbuch keine derartige Szene aus der Vergangenheit gehabt hätte, wäre ein solches Ereignis in meinem Leben nicht vorgekommen. Ich hätte mir diesen Menschen nicht als Freund ausgesucht, oder er hätte sich mir gegenüber anders verhalten.

All das, was ich diesem Freund gern gesagt hätte, sind Dinge, die ich meinem Bruder nie gesagt habe. Aus Angst, da es in meiner Familie schon genug Streit gab. Aus Angst, von meinen Eltern abgelehnt zu werden, denn ich war ja schließlich älter und vernünftiger, und um seinen kleinen Bruder muß man sich kümmern.

Mir fielen dann zahlreiche Situationen aus meiner Kindheit ein. Mein Bruder nahm mir immer mein Spielzeug weg. Ich mußte auf ihn aufpassen, obwohl ich lieber allein gespielt hätte, er aß die ganze Tüte Gummibärchen allein auf. Es gab niemanden, der damals eingriff, die kleine Katja beschützte, kein Elternteil sorgte für Gerechtigkeit.

Diesen Schmerz hatte ich noch nicht geheilt, und so war ich dankbar für diesen Zwischenfall. Dieses Erlebnis aus meinem Lebenskino ließ mich einen alten Schmerz erkennen, den ich dann nachbeeltert habe.

Wenn Sie sich anschauen, was Ihre Geschwister Ihnen an Informationen für Ihr Drehbuch mitgegeben haben, bedenken Sie bitte hier ebenfalls: Es geht nicht um Schuldzuweisungen!

Versetzen Sie sich auch in bezug auf Ihre Geschwister in Ihre Kindheit zurück, und schreiben Sie aus der Sicht des Kindes, das Sie damals waren.

Fragen, die Ihnen weiterhelfen:

> Wurden Sie und Ihre Geschwister gleichwertig behandelt oder wurde jemand vorgezogen?
> Fühlten Sie sich für Ihre oder für eines Ihrer Geschwister verantwortlich?
> Haben Sie miteinander gespielt, oder fühlten Sie sich allein?
> Fühlten Sie sich durch Ihre Geschwister unterdrückt?
> Hatten Sie das Gefühl, einzigartig zu sein, obwohl Sie Geschwister hatten?
> Hatten Sie das Gefühl, daß eines Ihrer Geschwister Verantwortung für Sie übernahm?

Mein persönliches Drehbuch: Geschwister

Mein tiefster Schmerz, mein Gefühl des Mangels, meine Verletzung, bezogen auf meine Geschwister:

....

....

....

Der allgemeine Familienfunk

Eltern meinen es gut, das wissen wir alle – manchmal meinen sie es jedoch einfach zu gut. Sie geben uns Tips fürs Leben und die Liebe. Meist aus dem Gefühl heraus, wir sollten es besser haben als sie und vor allen Dingen auch besser machen als sie selbst. Wenn Ihre Eltern dieser Ansicht waren, dann stehen diese Sätze selbstverständlich in Ihrem Drehbuch, und – das wissen Sie inzwischen – wenn sie in Ihrem Drehbuch stehen, dann werden Sie und Ihre Darsteller sich daran halten. Ihre Eltern und Großeltern haben ihre eigenen Erfahrungen im Leben gemacht, doch leider wußten sie noch nichts von Drehbüchern, Festplatten und Kellerkindern. Ihre Erfahrungen, ihre Einstellungen in bezug auf das Leben, die Liebe, die Ehe, Männer und Frauen haben Ihre Eltern an Sie weitergegeben. Diese Ansichten und Glaubenssätze haben Eingang gefunden in Ihr Drehbuch. Wollen Sie wirklich nicht heiraten, oder haben Sie dies lediglich beschlossen, weil Sie die Ehe Ihrer Eltern nicht für besonders glücklich hielten? Ist es Ihnen wirklich wichtig, was Ihre Eltern über Ihren neuen Partner denken? Sie müssen schließlich mit Ihrem Partner leben.

Wenn ich diese Übung bei Paarberatungen anbiete, ist es immer wieder faszinierend zu sehen, wie viele der alten Aufträge und Glaubenssätze der Eltern gelebt werden, ohne daß sich die Betroffenen dessen bewußt sind.

Hierzu einige Beispiele:

> - Such dir einen reichen Partner! Was du anheiratest, mußt du nicht selbst verdienen.
> - Es ist ganz wichtig, daß du etwas Ordentliches lernst!
> - Dein Partner muß unbedingt zu unserer Familie passen, also standesgemäß sein!
> - Überleg dir gut, ob du heiratest, sonst ergeht es dir genauso wie mir, und du sitzt irgendwann allein da.
> - Wir sind eine so tolle Familie, das mußt du auch so machen!
> - Keine Sexualität vor der Ehe!
> - Bei Frauen ist der Beruf nicht so wichtig.
> - Mach' es später mal besser als wir!
> - Die Männer wollen sowieso nur das eine, und am Ende stehst du allein mit den Kindern da.
> - Mach' nicht den gleichen Fehler wie ich, heirate nicht so früh!
> - Überleg' dir das gut mit Kindern, die machen viel Arbeit und kosten viel Geld.

Hier wieder ein paar Fragen als Anregung:

> Wie war die Ehe Ihrer Eltern?
> Wichtig an dieser Stelle ist nicht, wie Sie es heute sehen, sondern wie Sie das Zusammenleben Ihrer Eltern damals als Kind empfunden haben.

> Wie lief das Familienleben zu Hause ab?
> Natürlich gibt es in jeder Familie auch schöne Dinge, doch um die müssen wir uns ja nicht kümmern. Uns interessieren vielmehr die Defizite und Schwächen im Familiensystem.

> Was haben Sie von Ihrer Mutter über die Ehe gelernt?
> Was haben Sie von Ihrem Vater über die Ehe gelernt?
> Wie hat sich Ihre Mutter Ihrem Vater gegenüber als Ehefrau verhalten?
> Wie hat sich Ihr Vater Ihrer Mutter gegenüber als Ehemann verhalten?
> Wurden Zärtlichkeiten ausgetauscht?
> Begegneten sich Ihre Eltern mit Zuwendung, Achtung, Respekt, Anerkennung?
> Wie sah es mit der Verantwortung in der Ehe für die Familie aus?
> War es eine Heirat aus Liebe?
> Wie war die Rollenverteilung?
> Gab es eine Streitkultur? Wie wurde gestritten? Wie sah die Versöhnung aus?
> Wie wurde in Ihrer Familie mit Sexualität umgegangen?
> Wie wurde mit Problemen umgegangen?
> Welche Wünsche hatten Ihre Eltern für Sie?
> Welche Aufträge gab es aus Ihrer Familie für Sie?

Mein Drehbuch zum allgemeinen Familienfunk

Aufträge aus meiner Familie:

Schwüre, Flüche und Beschlüsse

Im allgemeinen denken wir, die Zeiten, in denen es Hexen mit ihren Flüchen gab, seien vorbei. Allerdings enthalten die meisten unserer Drehbücher einen Fluch oder Schwur.

Ich habe den Flüchen, Schwüren und Beschlüssen hier ein eigenes Kapitel gewidmet, weil mir selbst ein Schwur jahrelang den Weg zu einer Partnerschaft und auch zu Besitz versperrt hat. Früher war mir das nicht bewußt gewesen, doch beim Durchforsten meines Drehbuchs bin ich auf diesen Lebensschwur gestoßen.

Mir fiel auf, daß ich mich immer dann, wenn mir ein Partner einen Heiratsantrag machte (ist schließlich dreimal vorgekommen), plötzlich in jemand anderen verliebte. Darüber hinaus wurde mir bewußt, daß ich beruflich zwar schon viel erreicht hatte, jedoch nicht wie andere über Eigentum oder ein beträchtliches Bankguthaben verfügte. Immer wenn es in meinem Leben so aussah, als würde ich »in einen sicheren Hafen fahren«, ergaben sich Situationen und Umstände, die alles wieder zunichte machten. Ich hatte das Gefühl, als würde es in mir jemanden geben, der das boykottierte. Natürlich wollte ich wissen, was dazu in meinem Drehbuch stand. Als ich mich an die Arbeit machte, bemerkte ich rasch eine große Angst in mir. Doch wovor hatte mein Kellerkind – die kleine Katja – Angst? Es ist doch etwas Wundervolles zu heiraten, eine Familie zu gründen und natürlich auch Geld zu besitzen. Aber die Angst wurde immer schlimmer. Ich beschloß, mir ein Wochenende Zeit zu nehmen, um mich voll und ganz meinem Kellerkind zu widmen. Ich begann mit den Zeichnungen, schrieb meine Gedanken und Gefühle auf, und dann tauchte das folgende Bild auf: Meine Eltern und ich sind im Krankenhaus – mein kleiner Bruder ist ein Jahr alt und todkrank. Ich sehe mich vor der Glasscheibe der Intensivstation stehen. Mein kleiner Bruder liegt angebunden mit vielen Schläuchen an seinem ganzen Körper in einem Bettchen. Meine Mutter weint. Sie kommt hinaus zu mir auf den Flur. Ich beginne zu nörgeln, weil ich auf die Toilette muß, und wahrscheinlich auch, weil mich die ganze Situation überfordert. Meine Mutter reagiert sehr abweisend und aggressiv auf meine Quengelei und entgegnet mir: »Wenn dein Bruder stirbt, dann will ich auch nicht mehr leben.« Ich sehe vor mir ein kleines, blondes Mädchen, das geschockt ist und Panik hat. Aber da ist niemand, zu dem es jetzt mit seinem Gefühl, mit seiner Angst, die Mutter zu verlieren, hingehen könnte. Das zweite Bild, das mir in diesem Zusammenhang in den Sinn kam, war, daß ich, wann immer ich wieder Angst und Panik bekam, betete: »Lieber Gott, bitte laß meinen Bruder leben, ich will auch nie irgend etwas haben, ich verzichte auf alles, aber bitte laß ihn leben!«

Dieser Schwur, den ich als Kind geleistet habe, hat dazu geführt, daß in meinem Drehbuch stand: Ich darf nichts besitzen, ich verzichte auf alles, aber mein Bruder soll leben. Da mein Bruder überlebte, mußte ich auf alles verzichten, denn so stand es im Drehbuch. An diese Rollenvorgabe habe ich mich bis zu dem Tag, an dem ich diesen Teil meines Drehbuchs umschrieb, exakt gehalten.

Es gibt aber auch Flüche oder Schwüre, die von außen, von Familienangehörigen oder anderen wichtigen Bezugspersonen, an ein Kind herangetragen werden. Dazu ein Beispiel:

Als Renate, erfolgreiche Architektin, vor 42 Jahren auf die Welt kam, war der erste Satz, den ihre Oma sagte: »Na, hübsch ist sie ja nicht, aber sie hat große Ohren. Die wird sicher mal richtig intelligent und wird etwas Großartiges leisten.« Renate erzählt, daß sie sich schon immer häßlich fühlte (was sie wirklich nicht ist) und die Prophezeiung tatsächlich eingetroffen ist.

»Ich baue große und imposante Gebäude, und immer dann, wenn ich einen Mann kennenlerne, sagt er mir als erstes, wie klasse er es findet, was ich leiste, und wie intelligent ich bin, aber daß ich bedauerlicherweise vom Äußeren her nicht sein Typ bin. Ich bin richtig wütend auf meine Oma. Ihren Spruch habe ich bestimmt 200mal gehört, er war in unserer Familie der ›Running Gag‹. Es ist schon unglaublich, wie diese Dinge im Drehbuch wirken. Ich bin dankbar, daß ich hier bin. Nun kann ich diesem Fluch endlich ein Ende bereiten. Ich bastele heute abend noch eine Voodoopuppe für meine Oma ...« (in der Gruppe gibt es großes Gelächter).

An dieser Stelle begannen wir die Nachbeelterung.

Nun sind Sie an der Reihe, Ihren Rucksack – Ihr Kellerkind – von Flüchen und Schwüren zu befreien.

Eigene und von außen an das Kellerkind herangetragene Flüche und Schwüre:

> Ich will nichts haben, aber bitte laß meinen Bruder leben.
> Ich werde nie heiraten und Kinder kriegen, dann geht das ganze Drama von vorne los.
> Ich suche mir mal einen Mann, der mich auf Händen trägt.
> Ich werde mich um meine Mutter kümmern, das verspreche ich.
> Ich werde dich nie allein lassen.
> Ich werde auch nie wieder …
> Die Frauen in unserer Familie haben nun einmal kein Glück mit ihren Männern, dir wird es auch nicht anders ergehen.

Beschlüsse, Flüche und Schwüre in meinem Drehbuch:

Wie Sie bereits wissen, haben wir als Kinder nicht die Möglichkeit, uns mit unserem Schmerz, unserer Angst, Traurigkeit und Wut auseinanderzusetzen. Wir frieren diesen Schmerz sozusagen ein, kapseln ihn ab und beschließen, bestimmte Gefühle nicht mehr zu haben. So schneiden wir uns immer mehr von unseren Gefühlen ab. Das Traurige daran ist, daß wir uns nicht nur von den als negativ empfundenen Gefühlen befreien, sondern daß auch die positiven auf der Strecke bleiben. Aufgrund all unserer Erlebnisse entwickeln wir Glaubenssätze über uns selbst, über andere Menschen und unsere Zukunft. Wir fassen Beschlüsse, die unser Leben bestimmen, weil (Sie können es bestimmt schon nicht mehr hören) diese in unserem Drehbuch niedergeschrieben sind.

Hier einige Glaubenssätze und Beschlüsse:

> Lieber halte ich all das aus, als weiter fühlen zu müssen, daß mich niemand liebt.
> So wie meine Mutter / Vater / Geschwister will ich niemals werden.
> Ich will später mal viel Geld verdienen.
> Ich werde auch nie wieder wütend sein.
> Wenn du mich nicht lieb hast, dann such ich mir später mal eine/n Frau/Mann. Die/der wird mich dann lieben.
> Ich mache das später alles ganz anders als ihr.
> Ich heirate nie, und ich will auch keine Kinder.
> Dieses Gefühl von ... will ich nie wieder spüren.
> Lieber verzichte ich, als daß es wieder zum Streit kommt.
> Ich will auch immer lieb sein, damit ihr euch nie wieder streitet.
> Ich will nie wieder lieben, denn wenn ich liebe, werde ich verlassen.
> Mich liebt niemand, darum muß ich es eben allein schaffen.
> Wenn sich um mich niemand kümmert, dann kümmere ich mich um andere, dann muß ich meinen eigenen Schmerz nicht mehr fühlen.
> Ich werde nicht erfolgreicher, glücklicher, gesünder als ihr, damit ihr nicht traurig seid.
> Ich muß mich nur genügend anstrengen, dann werde ich geliebt.
> Derjenige, den ich liebe, stirbt.
> Ich tue alles, was du willst, aber bitte verlaß mich nicht!
> Ich bin nicht o.k., so wie ich bin.

- > Mich will ja sowieso niemand.
- > Ich bin schuld, wenn sie sich streiten, wenn sich meine Eltern scheiden lassen.
- > Er ist gestorben, weil ich nicht immer lieb war.
- > Wenn ich nur anders wäre, dann würden beziehungsweise könnten sie mich auch lieben.
- > Ich bin nicht liebenswert, so wie ich bin.
- > Wenn wir nur mehr Geld hätten, dann würden sich meine Eltern nicht so oft streiten.
- > Wenn ich nicht da wäre, dann ginge es meinen Eltern besser und sie hätten keine Sorgen.
- > Ich muß meine Eltern beschützen.
- > Ich darf nicht glücklicher als meine Eltern sein, damit sie nicht traurig oder eifersüchtig sind.
- > Ich muß meinen Eltern gegenüber loyal sein.

Susanne machte eine interessante Erfahrung. Sie hatte den Kontakt zu ihrem Kellerkind hergestellt und fühlte sich erleichtert. Sie hatte die Übungen mit den diversen Lebensleinwänden gemacht und in ihren Rucksack geschaut. Bei unserer Abschlußrunde am Ende des zweiten Seminartages wirkte sie dennoch ziemlich frustriert.

»Ich habe alle Übungen gemacht und hier und da auch etwas gefunden, doch irgendwie ist der Knoten bei mir noch nicht so richtig geplatzt. Alle anderen haben etwas sehr Konkretes gefunden, bei mir ist das alles so wenig greifbar. Ich weiß nicht, was ich falsch gemacht habe.«

»Ich denke, Susanne, Sie haben überhaupt nichts falsch gemacht. Können Sie sich bitte noch einen Augenblick gedulden? Ich möchte gerne nochmals die drei Gründe, warum wir Vergangenes ständig wiederholen, hier an das Flipchart schreiben. Dann widmen wir uns Ihrer Geschichte. Ist das o. k.?«

»Ja, kein Problem, ich habe so viele Jahre gewartet, jetzt kommt es auf fünf Minuten auch nicht mehr an.«

Also nochmals zum Einprägen. Wir wiederholen Vergangenes ständig aufs neue,

> weil unser Kellerkind nach Heilung schreit und wir jemanden suchen, der die Verletzung, den Mangel heilen soll,
> weil wir unseren Eltern gegenüber loyal sind,
> weil wir im anderen das versorgen / befriedigen, was uns selbst immer noch fehlt.

Während ich die zweite Aussage zum Thema »Loyalität den Eltern gegenüber« näher erläuterte, sah ich am Gesichtsausdruck von Susanne, daß sich in ihr etwas zu regen begann.

»Darf ich zu diesem Punkt etwas sagen?«
»Na klar.«
»Ich habe bei den anderen Übungen oft geschrieben, daß ich ein schlechtes Gewissen habe und mich auch schlecht richtig freuen kann. Wenn ich mich verliebt habe, hielt ich das lange Zeit geheim. Es war für mich wie ein Schatz. Immer hatte ich das Gefühl, der Zauber könnte sich auflösen, wenn ich es jemandem erzählen würde. Mir hat mal eine Freundin gesagt, daß sie nicht verstehe, warum ich nicht völlig aus dem Häuschen sei, wenn ich verliebt sei. Wenn sie frisch verliebt ist, singt und lacht sie den ganzen Tag, am meisten über sich selbst, da ihr die unmöglichsten Dinge passieren. Sie legt zum Beispiel die Schuhcreme in den Kühlschrank und macht anderes abstruses Zeug. Ich habe damals lange darüber nachgedacht und fand keine richtige Erklärung für mein Verhalten. Doch wenn ich mir jetzt überlege, wie es damals für die kleine Susanne zu Hause war, dann wird es mir klar. Soll ich mal erzählen?«
»Aber gern.«
»Meine Eltern haben sehr früh geheiratet. Ich glaube, der Anstoß kam von meiner Mutter, da sie sich nur aus den Klauen meines Großvaters lösen konnte, wenn sie so schnell wie möglich heiratete. Ich glaube nicht, daß es eine Liebesheirat war. Zwei Jahre später ist mein Vater durch einen Betriebsunfall Frührentner geworden und war seitdem nur noch zu Hause. Meine Eltern haben nicht viel miteinander

geredet, aber auch nicht gestritten. Sie haben vorher den Satz gesagt ›Bis daß der Tod euch endlich scheidet‹. Diese Aussage trifft auf die beiden wohl zu. Mein Vater ist übrigens vor fünf Jahren gestorben. Meine Mutter war eine sehr ruhige und zurückhaltende Frau, hat ihr Leben gelebt und sich um die Familie gekümmert. Doch wenn ich mich heute an meine Kindheit zurückerinnere, haben mich ihre Augen oft sehr traurig gemacht. Ich habe dann immer versucht, ihr eine Freude zu machen. Als ich 16 war, verliebte ich mich das erste Mal so richtig. Ich kam mit einem Knutschfleck nach Hause, was mich nicht im geringsten störte, denn jeder sollte sehen, daß ich einen Freund hatte und glücklich war. Bitte kein Gelächter – es ist jetzt schließlich mehr als 20 Jahre her. Gerade sehe ich diese traurigen, bernsteinfarbenen Augen meiner Mutter wieder, sie konnte sich nicht mit mir freuen. Das hat mir so weh getan.«

»Susanne, wenn Sie jetzt bitte mal in dem Gefühl – es hat mir so weh getan – bleiben. War es das erste Mal, daß Sie diesen Schmerz fühlten, oder gab es den schon früher?«

Susanne beginnt zu weinen. »Bitte bleiben Sie bei der Traurigkeit, das ist Ihre kleine Susanne. Sagen Sie ihr, daß Sie da sind, und geben Sie ihr mit Ihren Worten Zuspruch, Verständnis, Achtung für ihr Gefühl. Reden Sie mit ihr, so wie sie damals eine Mutter gebraucht hätte.«

Nach drei Minuten öffnet Susanne ihre Augen. Sie glänzen, und alle sehen die Freude in ihrem Gesicht.

»Susanne, möchten Sie über Ihre Erfahrung sprechen?«

»Als ich eben den Schmerz fühlte und Sie mich fragten, ob ich ihn das erste Mal gefühlt hätte, kam es mir so vor, als würde eine ganze Lawine losgetreten. Ich spürte die Traurigkeit der kleinen Susanne so deutlich, und mir fielen unzählige Situationen dazu ein. Ich wollte spielen, laufen, Fangen spielen mit meinem Vater – doch der konnte ja nicht mehr laufen. Ich unterdrückte dieses Gefühl. Ich wollte nicht, daß er noch trauriger würde, weil er nicht mehr laufen konnte. Dann habe ich von meiner Tante einmal einen ganzen Schminkkasten bekommen – ich war sieben oder acht Jahre alt – es war mein größter Schatz. Ich liebte es, mich zu verkleiden und schönzumachen. Ohne mir selbst Komplimente machen zu wollen, ich war ein sehr hübsches

Kind – aber als meine Mutter mich so sah, verfinsterte sich ihr Gesicht. Ich habe Wochen später mitbekommen, daß sie eine Auseinandersetzung mit meiner Tante hatte, weil sie es nicht gut fand, daß diese mir Schminksachen geschenkt hatte. Ich sei viel zu jung dafür. Ich sehe noch die kleine Susanne voller Freude wie eine kleine Prinzessin herumlaufen, doch irgendwann wird ihr Gesicht genauso traurig wie das ihrer Mutter.«

»Bitte fragen Sie jetzt doch mal die kleine Susanne, was sie damals beschlossen hat?«

»Die kleine Susanne beschließt, daß sie sich lieber nicht mehr freut, sich nicht mehr schminkt, damit ihre Mama und ihr Papa nicht noch unglücklicher und trauriger werden.«

»Ich denke, es wird aller höchste Zeit, die kleine Susanne von der Loyalität ihren Eltern gegenüber zu erlösen, ihr die Erlaubnis zu geben, alles zu tun, was ihr Spaß macht und Freude bereitet, und ihr zu sagen, daß Sie ein Recht auf eine glückliche Partnerschaft hat.«

Sehen wir uns noch ein weiteres Beispiel an.

Martin wurde von allen Teilnehmern des Seminars sofort ins Herz geschlossen. Er war superfreundlich, hilfsbereit und sehr humorvoll. Am zweiten Tag des Seminars konnte eine Teilnehmerin es sich nicht verkneifen, ihn zu fragen: »Wieso hast du denn keine Freundin? Das verstehe ich nicht.« Martin erzählte uns, daß er drei feste Beziehungen gehabt hatte, die auch ganz glücklich gewesen seien. Aber man habe sich mit der Zeit auseinandergelebt und sich dann getrennt. Er hätte auch keine Bedenken, sich wieder in eine Frau zu verlieben und eine neue Beziehung aufzubauen.

»Ich will mich nicht wieder verlieben, Jahre meines Lebens investieren, um dann wieder einfach so auseinanderzugehen. Ich glaube daran, daß es möglich ist, eine Partnerschaft auf Dauer aufzubauen und wirklich glücklich zu sein. Obwohl ich es als Kind ganz anders erlebt habe. Mein Vater hat sich nie um meine Mutter oder um uns Kinder gekümmert. Es ist mir auch peinlich, darüber zu berichten, aber er war schwerer Alkoholiker. Ich habe sehr darunter gelitten und hatte immer das Gefühl, meine Mutter beschützen zu müssen. Heute bei der Übung mit dem Kellerkind ist mir eingefallen, daß ich mir immer gewünscht

habe, meiner Mutter ein besseres Leben bieten zu können, wenn ich einmal groß sein würde. Aber sie ist noch vor meinem Vater gestorben. Ich habe nie erlebt, daß sie glücklich war. Auch er war mit sich und seinem Leben bestimmt nicht zufrieden. Manchmal ist er sogar handgreiflich geworden. Als Kind kam ich mir so hilflos vor, weil ich viel schwächer war als er und nicht helfen konnte. Ich habe ihn, glaube ich, dafür gehaßt, daß er meine Mutter und uns Kinder so behandelt hat. Ich habe unter meine Vergangenheit einfach einen Schlußstrich gezogen, ich kann ja sowieso nichts mehr ändern. In meinen Beziehungen habe ich mich immer um meine Partnerin gekümmert, war superaufmerksam. Ich trinke ganz selten Alkohol, und ich wäre bestimmt ein guter Familienvater, wenn ich Kinder hätte. Mir fällt auf, daß all meine Freundinnen mehr Probleme hatten als ich. In ihren Familien gab es viel Streit. Der Vater meiner vorletzten Freundin war auch Alkoholiker. Sie hat oft geweint, und ich konnte sie sehr gut trösten, weil ich gut verstehen konnte, wie es ihr ging. Ich habe versucht, ihr in unserer Beziehung alles zu geben, was sie zu Hause nicht bekommen hat. Sie hatte nicht viel Geld, und mir hat es Freude gemacht, sie einzuladen und ihr etwas zu schenken. Aber dann kam irgendwann der Punkt, an dem ich unzufrieden wurde. Ich hatte das Gefühl, ihr nichts mehr geben zu können und sie nicht mehr zu lieben. Wir haben uns dann getrennt.«

»Was ist nun Ihre Frage, Martin?«

»*In welcher dieser Beziehungen finde ich denn nun mein Kellerkind wieder?*«

»O. k., wir machen erst mal eine Zeichnung. Ist Ihnen das recht?«
»Ja, natürlich.«

"Ich kümmere mich um dein Kellerkind und gebe dir das, was mir gefehlt hat."

> Ich will diese Gefühle nicht mehr fühlen.
> Ich muß mich kümmern.
> Ich muß für sie sorgen.
> Ich muß ihr helfen.
> Ich werde nicht so wie mein Vater.
> Ich muß sie beschützen.
> Ich will, daß sie sich gut fühlt.

Am Beispiel von Martin können wir gut erkennen, daß er sich mit tausendprozentiger Treffsicherheit wieder eine Frau herauspickte, deren Kellerkind er auf den Schoß nehmen konnte. So mußte er sich nicht mit dem kleinen Martin auseinandersetzen – zumindest vordergründig nicht. Er beelterte das Kellerkind seiner Freundinnen nach. Leider sitzt der kleine Martin immer noch im Keller und wartet auf Heilung. Der große Martin gab seiner Freundin all die Dinge, die er nie bekommen hatte.

Schwarz oder Weiß

Viele Menschen beschließen schon als Kinder, einiges später ganz anders zu machen als ihre Eltern. Haben wir einen Mangel erlebt, so wollen wir ihn nie wieder spüren. Bei uns daheim ging man nie zum Essen aus – später war ich viele Jahre nur in Restaurants unterwegs. Meine Eltern führten eine Ehe nach dem Motto: »Bis daß der Tod euch endlich scheidet.« So eine Ehe wollte ich nie und vor allen Dingen keine Langeweile. Ich wollte mich nicht binden und war viele Jahre erklärte Gegnerin der Ehe mit Trauschein. Dieser Beschluß kam nicht aus freien Stücken, sondern rührte daher, daß ich tagtäglich das Elend meiner Eltern sah und so nicht leben wollte. Doch wer sagte denn, daß meine Ehe genauso sein würde wie die meiner Eltern? Ich könnte eine Ehe doch anders führen. Wenn ich an meine ersten Beziehungen zurückdenke, war oft ich diejenige, die sie schon wegen Kleinigkeiten beendete. Genauer gesagt, sobald Langeweile aufkam, machte ich mich aus dem Staub. Heute weiß ich, daß auch die Ehe meiner Eltern viele gute Seiten hatte: Sie sind durch vieles gemeinsam hindurchgegangen und haben zusammengehalten.

Ich möchte auf folgendes hinaus: Sie sollen sich anschauen, was Sie in Ihrem Leben – bezogen auf Partnerschaft, Ehe, Familie, den Umgang mit Frauen/Männern – genauso machen wie Ihre Eltern und was Sie genau anders machen. Als Kinder können wir die Dinge nur schwarzweiß sehen. Wir erfahren zum Beispiel, wie es ist, wenn unsere Eltern sich streiten. Denken Sie einen Augenblick darüber nach. Wie sieht Ihr jetziges Streitverhalten aus?

Wie denken Sie über das Streiten in der Beziehung? Streiten Sie gern – oder gehören Sie zu den Menschen, die lieber darauf verzichten und Gefühle der Harmonie zuliebe unterdrücken?

Freiheit im Denken und Handeln beginnt erst dann, wenn Sie für sich herausgefunden haben, was Ihnen wirklich entspricht, und zwar losgelöst von Ihrer Geschichte.

Sie haben die Freiheit zu entscheiden, wohin, wie und mit wem Sie reisen wollen.

> - Streiten ist völlig normal und gehört zu jeder Beziehung.
> - Ich möchte eine Familie.
> - Ich möchte heiraten.
> - Es ist wichtig, in einer Beziehung zu kommunizieren.

Schwarz	Weiß
> Ich habe entschieden, genau das Gegenteil von dem zu machen, was ich erlebt habe.	> Ich habe entschieden, es genau so zu machen, wie ich es erlebt habe.
> Ich heirate nie.	> Ich rede nicht, wenn ich wütend bin – genau wie meine Mutter.
> Ich will nicht so werden wie meine Mutter.	> Ich entschuldige mich nicht – genau wie mein Vater.
> Ich will nicht so werden wie mein Vater.	> Ich kümmere mich um meinen Mann, damit er mich nicht verläßt – so wie meine Mutter.
> Ich werde mich niemals scheiden lassen.	> Ich mache Scherze, wenn ich wütend bin – genau wie mein Vater.
> Ich will nicht streiten.	

Sie tragen also einen ständigen Konflikt in sich. Zwar können Sie als Erwachsener versuchen, Dinge zu ändern, aber Sie werden mit diesem Drehbuch keinen Erfolg haben.

Auch mit diesen Informationen in Ihrem Drehbuch sind Sie auf der Reise zu Ihrem Partner – wollen Sie so weiterreisen?

Schwarz oder Weiß

Das mache ich genauso	Diese Dinge mache ich genau entgegengesetzt

Mein Glaube über mich, den ich aufgrund der von mir erlebten Situationen gefaßt habe:

Mein Glaube über mein Umfeld (wie Ehe, Männer, Frauen, Familie):

Mein Glaube über meine Zukunft:

Meine Beschlüsse:

Der Liebescode

Sie wissen mittlerweile, daß es nicht die blauen Augen und auch nicht der knackige Hintern sind, in die Sie sich verlieben. Der Liebescode Ihres Drehbuchs ist nämlich der Schlüssel zum Schloß. Er öffnet dem neuen Darsteller die Tür zu Ihrem Herzen und zu Ihrem Kellerkind. All die Informationen, die Sie auf den letzten Seiten zusammengetragen haben, liefern Ihnen nun den Schlüssel zu Ihrem persönlichen Liebescode.

Sie kennen bestimmt das Gefühl des Unverständnisses, wenn Sie hören, daß eine Frau immer wieder zu einem Mann zurückkehrt, der sie geschlagen oder schlecht behandelt hat (gibt es auch bei Männern). »Wie kann sie das machen, er wird sie doch wieder schlagen.« Ja, Sie haben recht und sind entsetzt und würden das niemals tun, doch im Drehbuch dieser Frau steht folgender Liebescode:

So (nämlich über Gewalt) habe ich Liebe erfahren. Das kenne ich, da fühle ich mich sicher. Dieses Verhalten setze ich mit Liebe gleich.

Solange diese Frau keine Änderung in ihrem Drehbuch vornimmt und ihrem Kellerkind nicht erklärt, daß unter Liebe etwas anderes zu verstehen ist, wird sie immer wieder an einen Mr. Brutalo geraten. Ihr Kellerkind glaubt ja, es sei Liebe, wie es damals behandelt worden ist, und jedes Kind liebt seine Eltern, ganz gleich, wie sie mit ihm umgehen. Ich erlebe es in Beziehungen und auch im Berufsleben vieler Menschen immer wieder, die bereit sind, alles mögliche zu tun, nur um nicht verlassen zu werden, um beachtet, anerkannt und geliebt zu werden. Leider wird dieses Verhalten oft fälschlicherweise als Liebe interpretiert. Ein brasilianisches Straßenkind tut alles, um zu überleben, es hackt sich sogar die Finger ab, um von mitleidigen Touristen eine Handvoll Reis zu erbetteln. Ihm bleibt kaum eine andere Wahl. Sie jedoch haben die freie Wahl, wie Sie zukünftig mit sich und Ihrem Kellerkind umgehen wollen. Oder wollen Sie, daß sich Ihr Kellerkind weiterhin wie ein Straßenkind verhalten muß?

Lesen Sie hierzu zwei Beispiele:

Walter:
»Das hat gesessen! Ich stelle mir gerade vor, wie ich wie ein verwahrlostes Straßenkind den ganzen Tag durch die Stadt laufe, mich nicht wirklich um mich und meine Bedürfnisse kümmere und jeden Tag bis zum Anschlag Überstunden mache, nur damit mein Chef mir anerkennend auf die Schulter klopft. Aber das ist ja ein anderes Thema, oder vielleicht auch nicht? Ich fürchte, ich kann das Modell auch gut auf andere Bereiche meines Lebens übertragen.«

»Ja, Walter, gut erkannt, das können Sie, denn Ihr Drehbuch spielt den ganzen Tag eine zentrale Rolle, nicht nur in Ihren Beziehungen.«

»Aber gut, ich bin ja hier wegen der Frauen. Ich verliebe mich grundsätzlich in verheiratete oder liierte Frauen. Ich verrenke mich, tue alles, um sie zu bekommen, sie ganz für mich zu haben. Meine vorletzte Freundin hat ihren Freund auch verlassen, sich aber zwei Monate später von mir getrennt. Die Übung zur Lebensleinwand mit den Ex-Beziehungen hat mir die größte Einsicht in mein Lebensdrehbuch vermittelt. Ich fand dort den Schmerz meines kleinen Walters.

Er fühlte sich nie gewollt. Ich war sozusagen ein ›Unglück‹, denn der Mann, der meine Mutter geschwängert hatte, war bereits verheiratet und wollte sich nicht von seiner Frau trennen. Ich glaube, meine Mutter hat in mir nur ihn gesehen und konnte mich nicht wirklich lieben, obwohl sie sich schon um mich gekümmert hat. Ich habe aber immer gespürt, daß es kein richtiges ›Ja‹ zu mir gab.«

»Super, Walter, Sie haben sehr gute Arbeit geleistet. Wenn Sie aus diesen Erkenntnissen Ihren persönlichen Liebescode bestimmen, wie lautet dieser dann? Wie muß die Frau sein, in die Sie sich verlieben? Wie haben Sie Liebe in Ihrer Kindheit erfahren? Wie waren die Frauen, in die Sie sich immer verliebt haben?«

»Ich mußte mir erst einen Platz in ihrem Leben erkämpfen und dann erfahren, daß sie mich doch nicht aufrichtig liebten – wie meine Mutter.«

»Und wenn Sie nun aus der Art von Liebe, die Sie in Ihrer Kindheit erfahren haben, Ihren persönlichen Liebescode ableiten, wie könnte der lauten?«

Ich bin mir deiner Liebe nicht sicher, weil ich fühle, daß du mich nicht aufrichtig liebst, aber ich liebe dich.

Cordula hatte sich gerade nach viel Theater von ihrem Freund getrennt.

»Es war die Hölle, und wenn ich jetzt darüber berichten soll, dann merke ich, wie peinlich mir das Ganze ist. Wenn ihr mich hier so seht, dann könnt ihr euch bestimmt nicht vorstellen, was ich alles mit mir habe machen lassen. Ich bin nun wirklich nicht dick (was in diesem Moment alle Seminarteilnehmer sofort bestätigten), mein Freund meinte jedoch, ich entspräche nicht seinem Schönheitsideal und es wäre wohl besser, ich würde abnehmen. Bei jedem Stück, das ich aß, mußte ich mir dumme und verletzende Sprüche anhören: ›Na, wie sich das wohl auf deinen Hüften machen wird?‹ Außerdem war ihm mein Busen zu klein und mein Hintern zu flach. Dann gefiel ihm nicht, wie ich Auto fuhr, wie ich mich kleidete, wie ich lachte und redete oder wie ich meine Haare trug. Wenn ich keinen Sex wollte, dann hat er wenig Rücksicht darauf genommen; ich habe mich nicht getraut, mich durchzusetzen und richtig ›Nein‹ zu sagen – aus Angst davor, ihn zu ver-

lieren. Wenn ich mal in den Arm genommen werden wollte, er es aber nicht tat, habe ich nachts leise in mein Kissen geweint. Und was das schlimmste ist, ich fürchte, ich liebe ihn immer noch. Ich habe bei den Übungen herausgefunden, daß es meine größte Angst ist, allein zu sein, niemanden zu haben, der mich liebt und mir eine Daseinsberechtigung verschafft. Aus diesem Grund habe ich zahllose Verletzungen und Kränkungen tapfer, aber innerlich todtraurig und verzweifelt ertragen und war zum Schluß selbst überzeugt, daß mein Freund mit all dem, was er sagte, recht hatte.«

»Sie sind ja richtig schnell, Cordula. Ihre Analyse trifft den Nagel auf den Kopf. Wenn Sie es jetzt auf den Punkt bringen, wie lautet dann Ihr persönlicher Liebescode?«

Je schlechter du mich behandelst, um so mehr liebe ich dich. Ich liebe dich, damit ich mich nicht allein und wertlos fühlen muß.

Hier im Überblick einige Beispiele häufiger Liebescodes:

> Je schlechter ich behandelt werde, um so mehr liebe ich.
> Je weniger du mich willst, um so mehr brauche und will ich dich.
> Wenn ich so werde, wie du mich haben willst, dann wirst du mich lieben.
> Weil du mich liebst, werde ich bei dir bleiben.
> Wenn ich dich glücklich mache, wirst du mich lieben.

Mein persönlicher Liebescode
Was habe ich in meiner Kindheit mit den Menschen, die mich liebten und die ich liebte, erlebt, und welcher persönliche Liebescode hat sich daraus für mich entwickelt?

> Wie haben Sie Liebe erlebt?
> Wann und vor allen Dingen wen beginnen Sie zu lieben? Personen, die Ihrer Mutter, Ihrem Vater, Ihrem Bruder oder Ihrer Schwester (nahen Bezugspersonen) ähnlich sind?

> Wählen Sie Personen mit vertrauter Problematik (Krankheiten, Alkohol, Liebe zum Risiko, Süchte)?
> Was habe ich durch die Menschen, die mich liebten und die ich liebte, erlebt?

Was bedeutet für mich Liebe? Wie habe ich Liebe erlebt?
Wen liebe ich, und wie muß derjenige/diejenige sein?

Mein persönlicher Liebescode:

Sie können Ihren Liebescode auch gern auf ein separates Blatt schreiben, es läßt sich später besser verbrennen!

In den vielen Jahren meiner Arbeit mit der Simply-Love®-Strategie begegne ich täglich Menschen mit ihren Kellerkindern. Ich kenne all die Gefühle selbst sehr gut und weiß, wie einfach es sein kann, das Drehbuch umzuschreiben, damit endlich Schluß ist mit dem Leiden, der Einsamkeit und Sehnsucht sowie den Beziehungskonkursen.

Ich spüre eine unermeßliche Liebe und Dankbarkeit in mir. Meine Vergangenheit hat mich gezwungen, den Weg zu gehen, mir mein Drehbuch anzuschauen, denn ich wollte genauso wie Sie lieben und geliebt werden. Heute bin ich verbunden mit meinem Kellerkind. Die kleine Katja weiß nun sehr gut, was Liebe ist und wie sich bedingungslose Liebe anfühlt. Sie weiß, daß sie geliebt wird und nie wieder allein sein wird, denn ich bleibe bei ihr. Als ich unser Drehbuch umgeschrieben hatte, begegnete uns zwei Tage später der Mann, der seitdem in unserem Drehbuch die Rolle übernommen hat: »Ich liebe dich bedingungslos.« Ich hätte ihn für mein altes Drehbuch niemals als Darsteller gewinnen können, da er eine Frau bedingungslos lieben und sein Leben mit ihr teilen wollte. Mein neues Drehbuch hat er mit Freuden angenommen.

Bis hierher haben wir eine lange und anstrengende Reise unternommen, und ich hoffe, Sie haben durchgehalten. **Denn jetzt haben Sie eine einfache Erklärung dafür, warum Sie Single sind. Warum Sie glauben, daß es niemanden für Sie gibt, daß Frauen so und Männer anders sind, und warum auf Ihrem Werbeplakat noch nicht steht: Ich liebe, und ich werde geliebt.**

Zweites Etappenziel

Es ist geschafft – sofern Sie alle Übungen gemacht haben, kennen Sie nun Ihr komplettes Drehbuch.

In diesem Kapitel haben Sie erfahren,

> daß Ihr Single-Dasein und Ihre Beziehungskonkurse auf den Inhalt Ihres Drehbuchs zurückzuführen sind,
> daß immer dann, wenn Sie traurig, einsam, verletzt, ängstlich, wütend sind, Ihr Kellerkind mit Ihnen kommuniziert,
> wie Sie auf eine einfache Art und Weise Kontakt zu Ihrem Kellerkind herstellen können: Halskrause entfernen!
> daß Sie nicht versuchen sollten, sich abzulenken, wenn Sie ein »unangenehmes« Gefühl verspüren. Widmen Sie sich ihm – die Bügelwäsche kann warten!
> wie Sie anhand Ihrer jetzigen Lebenssituation den Weg zu Ihrem Drehbuch und Ihrem Kellerkind finden,
> daß problematische oder verletzende Situationen in Ihrem Leben ein Hinweis auf Ihr Kellerkind und einen unverarbeiteten Schmerz sind,
> welchen Ballast (Familienfunk, Schwüre, Beschlüsse, Glaubenssätze) Sie noch in Ihrem Rucksack mit sich herumschleppen,
> wie Ihr persönlicher Liebescode eine glückliche Partnerschaft bisher verhindert hat.

Risiko

Zu lachen bedeutet, zu riskieren, als Trottel dazustehen.
Zu weinen bedeutet, zu riskieren, sentimental zu erscheinen.
Nach jemandem zu greifen bedeutet, Beteiligtsein zu riskieren.
Gefühle zu zeigen bedeutet, zu riskieren, dein wahres
Selbst zu zeigen.
Deine Ideen und Träume einer Menschenmenge vorzustellen
bedeutet, ihren Verlust zu riskieren.
Zu lieben bedeutet, zu riskieren, nicht wiedergeliebt zu werden.
Zu hoffen bedeutet, das Scheitern zu riskieren.
Zu leben bedeutet, den Tod zu riskieren.
Aber die größte Gefahr im Leben ist, nichts zu riskieren.
Der Mensch, der nichts riskiert, mag einiges Leid, Bedauern,
einige Zweifel vermeiden, wird aber weniger lernen, weniger
fühlen, (sich) weniger verändern, weniger wachsen, weniger
lieben und weniger leben. Gekettet durch Gewißheiten ist er ein
Sklave, der Freiheit verwirkt hat.

Nur ein Mensch, der riskiert, ist frei.

Virginia Satir

Teil III
Wir schreiben Ihr inneres Drehbuch um

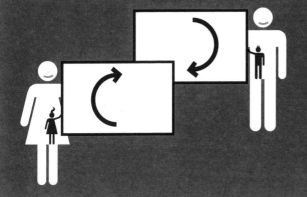

Autobiographie in fünf kurzen Kapiteln

I
Ich gehe die Straße entlang.
Da ist ein tiefes Loch im Bürgersteig.
Ich falle hinein.
Ich bin verloren ... ich bin hilflos.
Es ist nicht mein Fehler.
Es dauert eine Ewigkeit hinauszufinden.

II
Ich gehe dieselbe Straße entlang.
Da ist ein tiefes Loch im Bürgersteig.
Ich gebe vor, es nicht zu sehen.
Ich falle wieder hinein.
Ich kann nicht glauben, wieder an derselben Stelle zu sein,
aber es ist nicht mein Fehler.
Es dauert immer noch sehr lange hinauszukommen.

III
Ich gehe dieselbe Straße entlang.
Da ist ein tiefes Loch im Bürgersteig.
Ich sehe es.
Ich falle dennoch hinein ... es ist eine Gewohnheit.
Meine Augen sind geöffnet.
Ich weiß, wo ich bin.
Es ist mein Fehler.
Ich gehe sofort hinaus.

IV
Ich gehe dieselbe Straße entlang.
Da ist ein tiefes Loch im Bürgersteig.
Ich gehe an ihm vorbei.

V
Ich gehe eine andere Straße entlang.

Portia Nelson

Simply Love®

Sie haben sich durch die vielen Seiten des Drehbuch-Dschungels gekämpft, um zu erfahren, wie Sie die Simply-Love®-Strategie anwenden. Denn dann können Sie endlich »die andere Straße« wählen.

Wie der Name schon sagt: **Einfach** mit **Liebe**. Denn was Ihrem Kellerkind auf dem langen Weg bis hierher gefehlt hat, ist **Liebe**. Die Liebe eines Menschen, der mit offenen Augen, offenen Ohren, haltenden Armen und einem offenen Herzen bereit ist, diesem Kind in Ihnen das zu geben, was es immer noch braucht. Ihr Kellerkind würde es so ausdrücken:

> jemanden, der mich bedingungslos liebt,
> jemanden, der »Ja« zu mir sagt und mich will, so wie ich bin,
> jemanden, der mir zuhört und mich ernst nimmt,
> jemanden, der all meine Gefühle akzeptiert, der meine Wut ebenso annimmt wie meine Traurigkeit und meine Freude,
> jemanden, der mich so sein läßt, wie ich bin,
> jemanden, der mir Zärtlichkeiten gibt,
> jemanden, der mich so akzeptiert, wie ich bin,
> jemanden, der Zeit für mich und meine Bedürfnisse hat,
> jemanden, der mir Schutz gibt, aber auch Grenzen aufzeigt,
> jemanden, der mir sagt, daß ich o. k. bin,

- > jemanden, der Verantwortung für mich übernimmt,
- > jemanden, der sich um mich kümmert,
- > jemanden, der mir Kraft gibt und mich unterstützt,
- > jemanden, der mir hilft, mich zu entdecken, und mich in meinen Fähigkeiten fördert,
- > jemanden, der mir zeigt, was Liebe ist und wie sich wirkliche Liebe anfühlt,
- > jemanden, der mir sagt und zeigt, daß ich liebenswert bin und ein Recht darauf habe, geliebt zu werden.

Hier einige Beispiele, was Kellerkinder gerne vom Familienfunk gehört hätten:

- > Du hast ein Recht auf Liebe und auf einen Partner, der zu dir paßt.
- > Du darfst dich so entfalten, wie du möchtest.
- > Männer und Frauen sind gleichwertig, und jeder ist einzigartig.
- > Eine Familie zu haben ist etwas Wundervolles.
- > Du bist liebenswert.
- > Du kannst, sollst und darfst dein Leben, deine Partnerschaft, deine Ehe so gestalten, wie du es für richtig hältst.
- > Es ist wichtig, daß du deinen eigenen Weg findest.
- > Du bist für dich und dein Glück selbst verantwortlich.

Beispiele für einen gesunden Liebescode:

- > Liebe ist etwas Wundervolles.
- > Liebe bereichert.
- > Lieben und geliebt zu werden ist mein Geburtsrecht.
- > Liebe erschöpft sich nicht.
- > Liebe fühlt sich leicht an. Geliebt werden bedeutet, daß mein Gegenüber mich mit Achtung, Respekt und Wertschätzung behandelt.

> Ich kann fühlen, daß ich geliebt werde. Ich fühle mich sicher und kann vertrauen.
> Ich weiß, wie es sich anfühlt, zu lieben und geliebt zu werden. Ich empfinde mich als wertvoll, liebe mich selbst und möchte einem anderen Menschen Liebe schenken.
> Lieben heißt, freie Entscheidungen zu treffen.
> Ich fühle mich geliebt, wo ich so sein kann, wie ich bin.
> Lieben heißt, in der Fülle für mich und mit anderen zu leben.

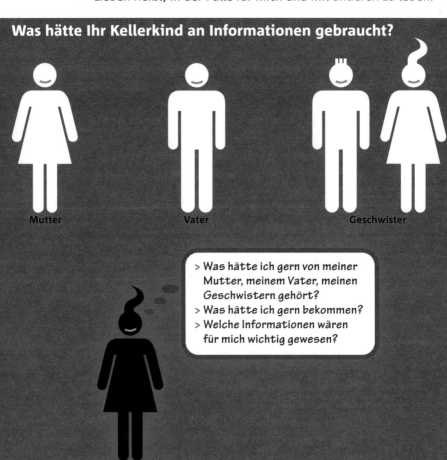

Was hätte Ihr Kellerkind an Informationen gebraucht?

Mutter Vater Geschwister

> Was hätte ich gern von meiner Mutter, meinem Vater, meinen Geschwistern gehört?
> Was hätte ich gern bekommen?
> Welche Informationen wären für mich wichtig gewesen?

Als kleine Hilfestellung für Sie: Sie müssen die Mangel-Sätze, die Sie in Ihrem Drehbuch aufgespürt haben, nur positiv umformulieren.

Was hätte ich also damals gebraucht?

Was hätte ich gern vom Familienfunk gehört?

Wie lautet mein neuer Liebescode?

Sie haben gerade den größten Schatz auf unserer Reise entdeckt. Die Sätze, die Sie eben notiert haben, sind der Anfang Ihres neuen Drehbuchs. Bisher stehen diese Sätze nur auf dem Papier – das ist richtig! Jetzt wird es Zeit, sie in die Praxis umzusetzen, und aktiv den Simply-Love®-Prozeß zu beginnen: Ihr Kellerkind »nachzubeeltern«.

Einwände

Wenn ich mein Kellerkind nachbeeltere, bekomme ich dann garantiert den Partner, den ich mir wünsche und der zu mir und meinem Kellerkind paßt?

Ja, weil dann die Verletzungen und der Mangel geheilt sind, Ihr Drehbuch eine neue Handlung bekommt und sich dementsprechend auch neue Darsteller in Ihrem Leben einstellen.

Reicht es aus, nur mit dem Kellerkind zu kommunizieren, damit alles gut wird? Ich bin da sehr skeptisch!

Ich finde es sehr gut, daß es immer wieder Menschen gibt, die skeptisch sind und nicht alles glauben, was ein Therapeut ihnen sagt – ich esse ja auch nicht grundsätzlich alles, was ich bei einem Büfett vorfinde. Aber manche unbekannten Dinge sind einen Versuch wert!

In den meisten Fällen reicht es schon aus, mit Ihrem Kellerkind zu kommunizieren, ihm die Zuwendung zu geben, die es damals nicht bekommen hat. Es gibt aber auch Situationen, in denen Ihr Kellerkind gern eine bestimmte Erfahrung gemacht hätte. Vielleicht hätte es gerne ein eigenes Zimmer, Zeit für sich alleine, Geschenke oder einen Urlaub gehabt. Durchforsten Sie Ihr Drehbuch auch nach einem materiellen Mangel, und geben Sie Ihrem Kellerkind nun ganz bewußt das, was es damals vermißt hat. Wichtig ist: Kindgerecht sollte es sein.

Ich spüre in mir eine große Ablehnung dagegen, mir vorzustellen, es säße ein kleiner Junge in meinem Bauch, mit dem ich reden soll. Ich komme mir so richtig lächerlich vor.

Wenn ich Ihr Kellerkind wäre, dann wäre ich jetzt enttäuscht, traurig und wahrscheinlich auch richtig wütend auf Sie. Ihr Kellerkind will mit Ihnen reden. Es möchte Unterstützung, Verständnis, Trost, und Sie sagen, es sei Ihnen peinlich, mit ihm zu reden. Was glauben Sie, wie sich ein Kind fühlt, wenn es spürt, daß es dem Erwachsenen peinlich ist, mit ihm zu kommunizieren? Früher haben die Leute ihre Kinder versteckt, wenn sie mißgebildet waren. Ich dachte, die Zeiten seien vorbei. Heute reden die Menschen nicht mit Kindern, weil Kinder Gefühle haben und dies den Erwachsenen peinlich ist.

Bitte überdenken Sie noch einmal, ob es angebracht ist, daß Sie sich lächerlich vorkommen.

Ich bin unzufrieden, und irgend etwas regt sich da auch in meinem Bauch, aber am liebsten würde ich mir die Decke über den Kopf ziehen. Mir ist das alles zu anstrengend. Ich will nicht mehr. Es wird da draußen wohl jemanden geben, der mich will, so wie ich bin, ohne daß ich dieses ganze Kellerkindertheater veranstalten muß.

Dieses Gefühl möchte ich anhand einer Zeichnung darstellen.

Wie die Zeichnung zeigt, ist das nicht das Gefühl des Erwachsenen, sondern das Kellerkind meldet sich gerade heftig zu Wort.

Natürlich wollen die Seminarteilnehmer oder Klienten in meiner Praxis manchmal partout keine Verantwortung für ihr Kellerkind und ihre Vergangenheit übernehmen. Sie hoffen darauf, daß der Partner kommt, der all den Schmerz heilen wird. Die Entscheidung, ob Sie sich um Ihr Kellerkind kümmern oder nicht, kann ich Ihnen nicht abnehmen. Das liegt einzig und allein bei Ihnen. Aber wenn Sie die Verantwortung nicht übernehmen, Ihrem Kellerkind Liebe, Achtung, Respekt, Wertschätzung und Verständnis entgegenzubringen, wer soll es dann tun?

Dazu fällt mir ein schönes Beispiel eines Klienten ein. Gregor kam mit seinen stattlichen 60 Jahren zu mir in die Praxis. Mich freut es immer sehr, wenn ältere Menschen mich aufsuchen, weil es zeigt, welche Bedeutung Liebe und Partnerschaft für uns alle haben, egal wie alt wir sind. Gregor ist Unternehmensberater und hat 30 Angestellte. Er ist geschieden, hat zwei Kinder und seine jüngere Freundin hatte sich damals gerade von ihm getrennt.

»Ich verstehe die Welt nicht mehr. Ich leite ein erfolgreiches Unternehmen, habe alles, was man sich wünscht, bin gesund, aber mit den Frauen will es nicht wirklich klappen. Meine Beziehungen zu Frauen halten nie lange, und ich mußte erst mal 60 werden, um zu begreifen, daß es wohl nicht nur an den Frauen liegen kann, sondern daß ich auch selbst etwas damit zu tun habe.«

Anfangs hatte Gregor einige Probleme, sich vorzustellen, mit dem kleinen Gregor nun schon 60 Jahre durch die Welt gelaufen zu sein. Ich erzählte ihm, daß Hawaiianer zur Geburt eines Kindes ein zweites Ich basteln, praktisch ein Kellerkind in Farbe. Ich schlug Gregor vor, sich auch eins zu besorgen. Ich sehe heute noch sein entsetztes Gesicht vor mir.

»Wie können Sie einem Mann mit 60 Jahren vorschlagen, sich eine Puppe zu kaufen?«

Ich ließ es dabei bewenden, doch bei unserem nächsten Treffen erzählte er mir folgendes:

»Ich war auf Geschäftsreise und hatte mein Rasierzeug vergessen. Als ich mir neues Rasierzeug kaufte, fiel ich förmlich über einen Stoffbären in Cordhosen und Holzfällerhemd. Beim Anblick dieses Bären mußte ich sofort an unsere letzte Stunde denken, und irgendwie hatte ich das Gefühl, den muß ich kaufen. Ich konnte ja so tun, als sei er für mein Enkelkind. Es stellte sich ein unerwartet gutes Gefühl bei mir ein. Es ist zwar ein Bär und keine Puppe, doch als Kind rannte ich auch immer in Cordhosen und karierten Hemden herum. Morgens muß es immer sehr schnell bei mir gehen, und so vergaß ich den Bären auf dem Hotelbett. Als ich am Abend zurückkam, mußte ich schallend lachen. Die Reinigungsfrauen hatten mein Bett gemacht und ihn in die Mitte gesetzt und, was das Schönste war, um ihn herum lagen lauter kleine Tüten mit Gummibären und Schokolade. Mir wurde richtig warm ums Herz. Ich fand es zwar ein wenig peinlich, doch dann freute ich mich riesig darüber. Dieses Erlebnis hat mir etwas sehr Wichtiges gezeigt, was ich wie folgt interpretiere: Ich habe mein Kellerkind

der Öffentlichkeit gezeigt, wenn auch nicht beabsichtigt, und schon bekam ich Geschenke, eine Art liebevolle Zuwendung. Irgendwie ist durch diese Begebenheit ein Kontakt zu mir und dem kleinen Gregor entstanden, den ich nun weiter pflegen möchte.«

Wenn Sie Lust haben, kaufen Sie sich doch auch ein Kellerkind – es ist keine Pflicht, aber es wirkt oft Wunder. Mittlerweile habe ich übrigens auch viele phantastische eigene Kreationen von Kellerkindern gesehen.

Wir haben jetzt soviel von der Nachbeelterung gesprochen, ich habe aber keine richtige Vorstellung davon, wie das in der Praxis ausschauen kann. Was ist unter Nachbeelterung genau zu verstehen?

Die Nachbeelterung bedeutet, daß Sie praktisch zu dem Vater und der Mutter werden, die Sie als Kind damals gebraucht hätten. Wie das in der Praxis aussieht, dazu kommen wir nun.

Der Nachbeelterungsprozeß

Da ich davon ausgehe, daß Sie über einen gesunden Menschenverstand verfügen, wird es für Sie die einfachste Sache der Welt sein, Ihr Kellerkind nachzubeeltern, wenn Sie dazu bereit sind.

Stellen Sie sich immer wieder vor, Sie halten ein Kind an der Hand, für das Sie ab sofort die Verantwortung tragen und das sich voll und ganz vertrauensvoll auf Sie verläßt und Sie braucht.

An dieser Stelle möchte ich Ihnen nicht meinen eigenen Nachbeelterungsprozeß aufzwingen – wir sind alle verschieden und haben unterschiedliche Erfahrungen gemacht. Ich werde Ihnen das Vorgehen Schritt für Schritt erläutern und möchte dabei Ihrer Kreativität und Phantasie den Vorrang lassen:

Immer wenn Sie niedergeschlagen, traurig, einsam oder wütend sind, wenn Sie das Gefühl haben, in einem Loch zu sitzen, wenn Sie einen Schmerz in Ihrem Inneren spüren, der Ihnen sagt, daß Ihnen etwas fehlt, dann ist das ein sicherer Hinweis darauf, daß sich Ihr Kellerkind meldet. Es kann auch sein, daß Sie sich überfordert oder ungerecht behandelt fühlen, daß Sie Angst haben, sich das aber nicht erklären können. Wenn ein Gefühl einfach nicht aufhören will, Sie sich mit einem Problem im Kreis drehen, auch dann meldet sich Ihr Kellerkind. In den meisten Fällen, wenn Sie mit einem anderen Menschen ein Problem haben und nicht mehr »Herr Ihrer Gefühle sind«, wenn Sie diesem Menschen Sätze wie

> Nie hast du Zeit für mich.
> Immer muß ich ...
> Nie kannst du ...
> Du bist nie ...
> Ich will ...
> Schon wieder ...!

an den Kopf werfen wollen, dann ist dies ein sicheres Zeichen dafür, daß Sie Kellerkinderalarm haben. Diese Person hat Sie nicht erst in diesem Augenblick verletzt. Nein, diese Person spielt gerade als Darstellerin oder als Darsteller eine alte Szene aus Ihrem Drehbuch. Ihr Kellerkind zeigt Ihnen gerade live und in Farbe einen alten Schmerz, der auf Verständnis, Beachtung, Mitgefühl, Zuwendung und Liebe wartet.

Wenn Sie ein solches Gefühl, einen solchen Schmerz spüren, sollten Sie sich erst mal Zeit nehmen und Ihrem Kellerkind Aufmerksamkeit schenken. Setzen Sie sich hin, und spüren Sie in sich hinein. Fragen Sie Ihr Kellerkind: »Welches Gefühl hast du gerade?« Legen Sie Ihre Hände dort auf Ihren Körper, wo Sie dieses Gefühl am deutlichsten spüren. Ganz gleich, um welches Gefühl es sich handelt, sei es Angst, Traurigkeit, Wut, Haß, Eifersucht oder etwas anderes. Versuchen Sie nicht, dieses Gefühl zu beseitigen, sondern lassen Sie es dasein, und schenken Sie dem Gefühl Aufmerksamkeit. Stellen Sie sich vor, in Ihnen sitzt dieses kleine Kind und wartet nun auf einen Arm, von dem es getragen wird, auf jemanden, der sagt »Ja, ich verstehe dein Gefühl, dein Gefühl ist richtig, du darfst dieses Gefühl haben«. Öffnen Sie Ihr Herz, und schenken Sie diesem Gefühl Anerkennung, Verständnis, Wertschätzung und Liebe. Auf diese Weise wird sich innerhalb von Minuten, manchmal sogar in Sekunden Ihr Gefühl verändern.

Daß Sie erfolgreich waren, spüren Sie daran, daß sich Ihr »schlechtes« Gefühl sofort verwandeln wird. Seit ich mit der Simply-Love®-Strategie arbeite, habe ich es noch nie erlebt, daß sich ein Gefühl nicht verändert hat.

Um herauszufinden, was Ihr Kellerkind genau benötigt, sollten Sie es einfach danach fragen. Wenn Sie zuvor den Schmerz, den Mangel identifiziert haben oder wenn Sie wissen, um welche Drehbuchseite es sich handelt, dann wird Ihnen schon allein Ihr gesunder Menschenverstand weiterhelfen. Nehmen wir an, Sie haben festgestellt, daß es sich um den Schmerz handelt »Ich fühl' mich allein, niemand ist für mich da, niemand kümmert sich um mich«. Stellen Sie sich bitte das kleine Kind vor, das vor Ihnen steht und diese Worte sagt. Wie reagieren Sie? Als erstes nehmen Sie Ihr Kellerkind mit diesem Gefühl ernst und bringen ihm Verständnis, Mitgefühl und Achtung entgegen. Dann sprechen Sie mit ihm. Sie können das laut oder in Gedanken tun. Haben Sie keine Scheu, denn es gibt keine »richtigen« Worte. Sie werden spüren, ob die Worte und Ihr Gefühl Ihr Kellerkind erreichen, denn in dem Augenblick, in dem es sich angenommen und geliebt fühlt, hören das Gefühl des Mangels und der Schmerz sofort auf.

Wenn es sich um einen Mangel handelt, egal ob er materieller oder immaterieller Art ist, fragen Sie Ihr Kellerkind, was es sich von Ihnen wünscht, fragen Sie: »Was hättest du **damals** gebraucht, was hättest du dir damals gewünscht?« Wichtig ist hier, daß Sie Versprechen auch einhalten.

Sie können nichts falsch machen, probieren Sie es aus, und Sie werden erfahren, was Ihr Kellerkind braucht.

Wenn Ihr Kellerkind Ihnen antwortet »Nie hatte jemand wirklich Zeit für mich«, dann nehmen Sie sich ganz bewußt Zeit, gehen Sie mit Ihrem Kellerkind in den Zoo, auf den Spielplatz, zum Schwimmen, zum Angeln oder was immer Ihnen einfällt.

Kurz vor Weihnachten rief mich Harald, ein ehemaliger Seminarteilnehmer, an:

»Mir geht es ziemlich schlecht. Ich habe das Gefühl, so richtig festzustecken und einfach nicht weiterzukommen, können Sie mir bitte helfen? Seit Tagen schon bin ich traurig, fühle mich allein und habe einen totalen Horror, wenn ich an die Weihnachtsfeiertage denke, an denen ich dann allein zu Hause sitze.«

Ich spürte sofort den Kellerkinderalarm! Aber um Harald nicht die Chance zu nehmen, sich selbst um sein Kellerkind zu kümmern (er hatte gehofft, ich würde sein Kellerkind auf den Schoß nehmen), schlug ich ihm vor, zunächst die Lebensleinwand zu zeichnen und die Drehbuchseite in seinem Drehbuch ausfindig zu machen. Als kleinen Tip gab ich ihm noch mit auf den Weg, sein Augenmerk besonders auf Weihnachten zu richten. Am nächsten Tag meldete sich Harald erneut. Er war zwar schon wesentlich ruhiger, aber ich spürte die Traurigkeit seines Kellerkindes.

»Ich bin in meinem Drehbuch auf etwas gestoßen: Bei mir daheim war Weihnachten eigentlich immer ein Horrortrip. Meine Mutter kochte die ganze Zeit, mein Vater interessierte sich überhaupt nicht für die Feierlichkeiten, ich störte ständig, und keiner hatte Zeit für mich. Spätestens um die Mittagszeit hatten sich meine Eltern das erste Mal gestritten, und der Haussegen hing schief. Ich verkroch mich dann in mein Zimmer: Nie habe ich erlebt, daß Weihnachten harmonisch oder mit Freude und Spaß ablief. Aber ich werde das dieses Jahr ändern. Ich habe mir schon einen guten Rotwein gekauft, ein paar gute Zigarren, und heute habe ich mir noch eine neue CD gegönnt. Ich werde den Abend so richtig zelebrieren.«

»Harald, ich finde es klasse, daß Sie der Drehbuchseite auf die Schliche gekommen sind. Ich habe jetzt eine Frage: Wie fühlt es sich für den kleinen Harald an, wenn Sie Weihnachten mit Rotwein, Zigarren und CD zelebrieren?«

»Irgendwie komisch und nicht so richtig gut. Aber wieso, ich nehme mir Zeit für mich, mache die Dinge, die ich gern mag. Ich werde mir noch was Schönes kochen und dann den Abend genießen.«

»Grundsätzlich ist Ihre Idee toll, doch ich habe einen Einwand. Wenn Sie den kleinen Harald nachbeeltern wollen, das Weihnachtsfest für ihn ausrichten wollen, sind dann Rotwein, Zigarren und so weiter das richtige für diesen kleinen Jungen? Sind all diese Dinge nicht eher für den großen Harald? Ich denke, der kleine Harald erfährt durch dieses Ritual keine Änderung in seinem Drehbuch. Was er wirklich braucht, ist eine Mama, ein Papa, die ein Weihnachtsfest für ihn zelebrieren, so wie er es noch nie erlebt hat. Es muß kindgerecht sein, damit er eine neue Erfahrung macht, die dann in sein Drehbuch Eingang findet.«

»Jetzt verstehe ich. So hatte ich es noch gar nicht gesehen. Aber wie soll das denn aussehen?«

»Versetzen Sie sich bitte noch mal in die Zeit von damals zurück. Was hätte sich der kleine Harald gewünscht?«

»Daß mich meine Eltern integrieren, daß wir drei den Tannenbaum gemeinsam schmücken, daß mir mein Vater etwas vorliest, daß wir zusammen essen und Spaß haben. Daß wir uns freuen, wenn es die Geschenke gibt.«

»So, Harald, Ihr Kellerkind weiß ja ziemlich gut, was es braucht, dann tun Sie es auch.«

»O Gott, wie soll ich das denn machen?«

»Ich bin sicher, Ihnen wird etwas einfallen.«

Ich erhielt eine Neujahrspostkarte von Harald, in Form eines Fotos. Er hatte ein paar gute Freunde eingeladen – ein Pärchen mit Kindern. Sie verbrachten den ganzen Tag miteinander, schmückten den Tannenbaum, gingen zum Schlittschuhlaufen, kochten gemütlich zusammen, und dann kam die Bescherung. Als alle Kinder im Bett waren (auch der kleine Harald), war auch die richtige Zeit für Rotwein und Zigarren gekommen.

Die folgende praktische und einfache Arbeitsanleitung zeigt, wie Sie bei »Kellerkindalarm« am besten vorgehen:

1. Schritt: Drehbuch, Lebensleinwand anschauen.
2. Schritt: Erwachsenen mit Kellerkind zeichnen.
3. Schritt: Gefühle, Gedanken aufschreiben.
4. Schritt: Halskrause entfernen (Sie erinnern sich?) und Kontakt mit dem Kellerkind aufnehmen.

5. Schritt:	Gefühl identifizieren, dann Kellerkind mit seinem Gefühl annehmen.
6. Schritt:	Was hättest du damals gebraucht? Was hättest du dir damals gewünscht?
7. Schritt:	Alles, was du brauchst, gebe ich dir nun, mit Worten und Taten.

Sie entscheiden selbst, was Sie sich in Ihrem Drehbuch alles anschauen und wie lange Sie an diesem oder jenem Fleck verweilen wollen. Wollen Sie die Sprache des jeweiligen Landes lernen, in das Sie reisen, oder eine neue Sportart, um bei unserer Reisemetapher zu bleiben? Sie dürfen alles ausprobieren, was Ihnen einfällt und was Ihnen und Ihrem Kellerkind Freude bereitet.

Das Wunder der Briefe

Das Schreiben von Briefen ist eine hilfreiche Möglichkeit für Ihr Kellerkind, sich Luft zu machen.

Diese Briefe müssen keine literarischen Ergüsse sein. Sie dienen lediglich dazu, all das in Worte zu fassen, was Ihr Kellerkind noch nie sagen durfte und konnte. Denn alles, was Sie sozusagen »nach draußen« transportieren, wird Ihnen keine Magenschmerzen mehr verursachen.

Und was das wichtigste ist, Sie brauchen dann keinen neuen Darsteller, der sich diese Worte stellvertretend für Ihre Eltern anhören muß.

Beginnen Sie am besten mit einer direkten, persönlichen Anrede: *»Liebe Mutter, lieber Vater, lieber Peter / liebe Petra (Ex-Freund/in), was ich Dir gern noch sagen möchte ...«* In solchen Fällen wirken »Du-Botschaften« Wunder. Schreiben Sie, ohne großartig nachzudenken, all die Gefühle, die in Ihnen hochkommen, auf, zum Beispiel »Nie hast Du mich gelobt, nie hattest Du Zeit für mich, Du hast Dich nicht wirklich für mich interessiert« und so weiter. Wichtig ist, daß Sie das ausdrücken, was Ihnen in den Sinn kommt. Falls Sie Schimpfworte benutzen wollen, dann tun Sie es! Diese Briefe sollen Sie ja nicht abschicken.

Oder Sie bedienen sich einer anderen Möglichkeit, indem Sie sich in die Position eines Kinder-Rechtsanwaltes versetzen. Was möchten Sie den Eltern dieses Kindes gerne sagen? Schreiben Sie es auf. Wenn der richtige Zeitpunkt gekommen ist, werden Sie es wissen und den Brief verbrennen.

Sie sind jetzt so lange mit mir gereist, und ich möchte es nun nicht versäumen, ein paar Zeilen direkt an Ihr Kellerkind zu richten – als kleine Hilfestellung für Ihren eigenen Liebesbrief an Ihr Kellerkind.

»Du bist als etwas Einzigartiges auf diese Welt gekommen, und es ist schön, daß es Dich gibt. Genau so wie Du bist. Denn Dich gibt es nur einmal auf diesem Planeten.
    Keines Deiner Gefühle ist falsch. Es gibt keine falschen Gefühle. Du darfst Angst haben, wenn Du Angst hast. Du darfst traurig sein, wenn Du traurig bist, wütend sein, wenn Du wütend bist. Du darfst lachen, wenn Du lachen möchtest, Du darfst all Deine Gefühle spüren, sie werden Dir nicht mehr verboten und nicht bewertet. Du darfst das Leben und vor allen Dingen die Liebe genießen. Du darfst Lust haben und diese auch ausdrücken. Du darfst Deine Sexualität so leben, wie es Dir gefällt. Du darfst Dein Leben so gestalten, wie Du es möchtest. Du darfst den Partner wählen, der für Dich ganz allein der Richtige ist. Du bist nicht für das Wohl und das Glücklichsein Deiner Eltern oder Deines Umfelds verantwortlich. Du darfst nein sagen, wenn Du ›nein‹ fühlst. Dort, wo Du schlechte oder ungute Gefühle spürst, darfst Du nein sagen. Es gibt nichts, was Du falsch machen kannst. Es gibt jemanden, der Dich bedingungslos liebt. Du bist nicht mehr abhängig von der Liebe und Zuwendung eines anderen Menschen. Um geliebt zu werden, mußt Du Dich nicht verbiegen oder Dinge tun, die Du nicht tun willst. Denn es gibt von nun an jemanden in Deinem Leben, der Dir seine Liebe bedingungslos geben wird. Der immer für Dich dasein wird, sich um Dich kümmert, so wie Du es brauchst. Du kannst wieder vertrauen. Du darfst um etwas bitten, und Deine

Wünsche werden erfüllt. Du darfst glücklich sein, so wie Du es möchtest und so wie es sich für Dich richtig anfühlt. Du wirst nicht mehr verlassen werden und brauchst keinen Tag mehr auf Liebe warten, denn Du wirst bedingungslos geliebt.«

Und jetzt wünsche ich mir von Ihnen, daß ich Ihrem Kellerkind keine leeren Zeilen geschrieben habe. Lieben Sie Ihr Kellerkind, geben Sie ihm, was es braucht. Ihr Kellerkind ist der größte Schatz, den Sie in sich tragen. Es wird Sie zu einem liebenden und glücklichen Menschen machen. Der neue Darsteller kann dann gar keine andere Rolle in Ihrem Drehbuch übernehmen als die Rolle des Partners, der Sie wirklich aufrichtig und bedingungslos liebt.

Verträge mit dem Kellerkind

Eine Seminarteilnehmerin hatte eine andere Idee, sich ihrem Kellerkind zu verpflichten.

»Ich kenne aus der Vergangenheit meinen inneren Schweinehund sehr gut. Ich war schon auf anderen Workshops, habe Beschlüsse gefaßt und diese dann nicht eingehalten. Es ist komisch, aber ich habe irgendwann herausgefunden, daß ich meine Vorsätze einhalten kann, wenn ich mit mir Verträge abschließe. So sieht mein Vertrag mit meinem Kellerkind aus:

Meine liebe kleine Kerstin,
ich habe in der Vergangenheit leider nicht gewußt, daß es Dich gibt, und somit konnte ich mich nicht um Dich kümmern. Aber ich will und werde dies in Zukunft tun. Ich weiß, daß ich nicht perfekt bin und daß es mir nicht immer gelingen wird, aber ich werde mein Bestes tun. Ich werde mich bemühen, Dir die Dinge zu geben, die Du brauchst, um Dich nicht wieder in eine Situation zu bringen, in der Du Dir einen Mann für Deine Bedürfnisse und Wünsche suchst. Ich bin für Dich verantwortlich. Ich werde mich bemühen dazusein, wann immer Du mich brauchst. Ich werde in der Zukunft bewußt

mehr Zeit mit Dir verbringen, etwas mit Dir unternehmen, was Dir Freude bereitet und einfach mal die Arbeit liegen lassen – Bügeln ist wirklich nicht wichtig.

Ich werde wieder mehr mit anderen Menschen unternehmen, denn ich denke, daß Du andere Kinder zum Spielen brauchst. Als Zeichen, daß ich es ernst meine, werde ich heute noch eine Freundin anrufen und endlich den Malkurs buchen, den ich schon immer machen wollte. Ich will auf Dich hören, wenn Du mir signalisierst, daß es Dir zuviel wird. Ich werde dafür sorgen, im Außen Grenzen zu setzen. Ich werde mich von nun an in erster Linie um Dich und Deine Bedürfnisse kümmern.

Wenn wir danach noch Lust, Zeit und Energie haben, dann sind die anderen dran. Am wichtigsten ist es mir jedoch, Deine Gefühle nicht mehr zu verraten. Wenn Du traurig bist, dann werde ich mir anhören, warum, und Dir den Zuspruch geben, den Du brauchst. Wenn Du wütend bist, dann kannst Du mir dieses Gefühl ruhig zeigen. Ich weiß, daß ich mich immer davor gedrückt habe, Dich mit Deiner Wut anzunehmen, genauso, wie Du es als Kind schon erlebt hast. Doch ich weiß, daß Deine Wut nichts Schlimmes ist, sondern lediglich ein Gefühl, das ich aushalten kann. Ich will zukünftig dafür sorgen, daß Du Dich wohl und vor allen Dingen von mir geliebt, respektiert, geachtet und verstanden fühlst.
In Liebe
Deine große Kerstin«

Freunde und Partner um Hilfe bitten

Bei der Durchforstung ihres Drehbuchs stieß Ute immer wieder auf das Thema: »sich kümmern«.

»Mein Kellerkind wünschte sich sehnlichst jemanden, der es so richtig wie eine Mama umsorgte. Irgendwann kam ich völlig erledigt von der Arbeit nach Hause, ich war wieder über meine eigene Grenze gegangen. Ich war hungrig, aber so schlapp, daß ich keine Lust hatte, mir etwas zu essen zu machen. Ich konnte mich auch nicht aufraffen zum

Essen zu gehen. Mein Kellerkind in mir heulte und schrie. Ich setzte mich hin und lauschte meinem Gefühl. Als ich die Hände auf meinen Bauch legte, spürte ich, wie mein Kellerkind mich beschimpfte: ›Ich hasse dich! Du bist genauso wie meine Mama, nur wenn ich krank bin, kümmerst du dich richtig um mich. Sonst höre ich immer ›Ich habe jetzt keine Zeit‹. Immer kümmerst du dich um die anderen, aber nie um mich.‹ Das hat gesessen! Aber dennoch fühlte ich mich physisch so kaputt, daß ich keine Kraft aufbringen konnte, mir etwas zu kochen. Ich überlegte, wie ich der kleinen Maus und mir helfen konnte. Ich rief eine Freundin an und erzählte ihr, daß ich fix und fertig sei und wir Unterstützung bräuchten, und ich fragte sie, ob sie Lust hätte, mir etwas zu essen zu kochen. Sie willigte ein und fragte auch gleich, worauf ich Lust hätte. ›Fischstäbchen mit Spinat und zum Nachtisch Grießpudding mit Erdbeeren!‹ Ich bin meiner Freundin sehr dankbar. Sie hat mich auf das Sofa verfrachtet, und ich wurde bedient und so richtig bemuttert. War das herrlich! Mir ist dann noch etwas klargeworden: Selbst wenn meine Freundin keine Zeit gehabt hätte, wäre mir sicher ein anderer Ausweg eingefallen. Da mein Kellerkind mit mir verbunden war, wäre ich nicht traurig oder wütend gewesen. Meine Freundin gab mir beim Abschied ein schönes Feedback: ›Ich finde es klasse, daß du dich gemeldet hast. Mir hat es so richtig Freude gemacht, dich zu verwöhnen. Und das Schönste daran ist, daß ich so einen Abend bei dir auch mal buchen kann.‹«

Ute hat den Kontakt zu ihrem Kellerkind aufgenommen und Verantwortung übernommen. Als sie bemerkte, daß sie an dem Tag die Nachbeelterung nicht selbst machen konnte, bat sie eine Freundin um Mithilfe. Meistens sieht es anders aus. Da greift man dann zum Telefonhörer, so nach dem Motto »Mir geht es so schlecht, rat mal warum« oder »Vielleicht errätst du ja, was ich brauchen könnte«, und wundert sich, daß der andere nicht gleich spürt, was man wirklich möchte.

In den vielen Jahren meiner Praxistätigkeit habe ich immer wieder Kellerkinder gesehen, denen man nie gesagt hat, daß sie einzigartig sind, daß sie schön und wertvoll sind, welche wundervollen Eigenschaften sie haben. Wenn Sie auch davon betroffen sein sollten, dann rufen Sie doch einfach einen Freund oder eine Freundin an, und bitten Sie um ein Feedback. Fragen Sie sie zum Beispiel: »Was magst du an mir?« Bitten Sie Ihre Freunde, Ihnen das einfach mal aufzuschreiben und in Form eines Briefes zuzusenden.

Einer muß jedenfalls den ersten Schritt tun. Nach den Seminaren haben mir viele Teilnehmer berichtet, wie hilfreich und lustig es war, wenn sie Freunde bewußt gebeten haben, ihnen zu helfen, und daß die Nähe und Vertrautheit in den Freundschaften dadurch gewachsen ist.

Haben Sie Mut, und bitten Sie andere um ihre Hilfe – es wird sich garantiert lohnen.

Auch Ihren Freunden wird es dann leichter fallen, Sie mal um eine Nachbeelterung zu bitten.

Bedenken Sie:

Es gibt keinen Menschen auf diesem Planeten, der kein Kellerkind besitzt.

So haben wir nachbeeltert

Doris
Als erstes habe ich einen Brief an meinen Vater geschrieben. Ich sah die kleine Doris vor der Schule stehen, als er sie wieder einmal vergessen hatte. Die ganze Wut und Hilflosigkeit der kleinen Doris konnte ich niederschreiben. Danach fühlte ich mich total erleichtert.

Ich spürte, daß meine kleine Doris immer noch glaubte, mit ihr sei etwas nicht in Ordnung und ihr Vater behandele sie deshalb so. Also setzte ich mich hin, stellte mir die kleine Doris vor und erklärte ihr – in Gedanken –, daß es nichts mit ihr zu tun habe und daß es unmöglich gewesen sei, was der Papa gemacht hatte. Ich verstand in diesem Prozeß sehr gut, wie sie es gelernt hatte, ihre Gefühle zu unterdrücken, um den Papa nicht zu verärgern und ihm Verständnis entgegenbringen zu können. Ich gab ihr die Erlaubnis, zukünftig ihre Wut zu fühlen, und ich versprach ihr, diese bei der nächsten Gelegenheit auszudrücken. Mir ist klargeworden, daß ich in der Vergangenheit, wenn ich Kellerkinderalarm hatte, die kleine Doris immer allein gelassen habe und daß sie dann geweint und meinem Ex-Freund Vorwürfe gemacht hat. Es war kein Wunder, daß er mich nicht ernst nahm, denn in dem Augenblick sprach ja nicht ich als erwachsene Frau zu ihm, sondern die kleine Doris.

Ute

Für mich war es anfangs sehr schwer zu glauben, daß mein Mann fremdgegangen war und es dafür Gründe in meinem eigenen Drehbuch gab. Als ich jedoch die Eifersucht, Wut und das Unverständnis wieder fühlte und mir die Frage stellte: »Wie alt bist du gerade?«, sah ich die kleine Ute wieder vor ihrer Mutter stehen, hungrig nach Zuwendung und immer noch mit der Frage »Warum ist sie (die jüngere Schwester) auf deinem Arm und nicht ich?«. Ich schrieb der kleinen Ute einen Brief, in dem ich ihr versprach, mich künftig um sie zu kümmern. Das beste Gefühl empfand ich aber, als ich der kleinen Ute erlaubte, ihre Eifersucht zu fühlen. Ich hatte die Hände auf meinen Bauch gelegt und spürte in meinem ganzen Körper Wut und Eifersucht. Ich blieb einfach sitzen, versuchte ruhig zu atmen und gab diesem wahnsinnigen Gefühl die Erlaubnis dazusein. Ich sprach in Gedanken zu mir: »Ja, du darfst eifersüchtig sein, das ist normal und richtig. Du darfst wütend sein, auch das ist in Ordnung.« Ich spürte sehr schnell, wie sich meine Wut – ich glaube, teilweise war es sogar richtiger Haß – auflöste. Aber ganz in Ordnung war es immer noch nicht. Ich malte mir nochmals die Lebensleinwand auf. Dabei bemerkte ich, daß ich das Gefühl von Traurigkeit vergessen hatte. Also noch eine Runde – ich blieb einfach sitzen, und die Traurigkeit der kleinen Ute kam langsam vom Bauch in meine Kehle gekrochen. Auch hier tat ich nichts anderes, als nur meine Hände auf den Bauch zu legen, zu atmen und mir beziehungsweise der kleinen Ute ihre Traurigkeit zu erlauben. Und siehe da, nach ein paar Minuten war auch dieses Gefühl vollständig verschwunden.

Ich habe dann einen Brief an meine Eltern geschrieben, in dem ich ihnen mitteilte, daß ich nicht länger einen Mann für sie suchen werde und daß die kleine Ute und ich ein Recht auf unseren Mann haben – ganz gleich, welchen Beruf er hat.

Beate

Ich bin mit meinem Nachbeelterungsprozeß sehr gut klargekommen und fühle mich auch gut verbunden mit der kleinen Beate. Ich habe einige Briefe an meinen Vater geschrieben, doch irgendwie konnte ich meine Gefühle darin nicht so richtig transportieren. Lange habe ich überlegt, was ich noch machen könnte, und bin dann in meiner Mittagspause in den Park gegangen und sah dort Mütter und Väter mit ihren Kindern spielen. Ich spürte, wie ich traurig und eifersüchtig wurde. Natürlich war es nicht ich, sondern die kleine Beate, die sich meldete. Ich redete mit ihr, ich nahm mein Gefühl an, so wie ich es immer machte, aber ich fühlte, irgend etwas war nicht richtig gelöst. Dann rief ich meinen Vater an und bat ihn um ein Treffen. Mir war zwar mulmig zumute, aber ich sah mich als Mutter der kleinen Beate und wollte mit ihm reden, er sollte ihr erklären, warum er damals einfach weggegangen war.

Als wir uns trafen, erklärte ich ihm, daß ich als erwachsene Frau natürlich Verständnis für ihn habe und daß ich sehr gut damit umgehen kann, wenn sich Menschen trennen, wenngleich ich die Art und Weise, wie er es damals gemacht hat, nicht wirklich gut finde. Ich erzählte ihm von der kleinen Beate, wie sie sich damals fühlte und was sie sich immer noch von ihm wünsche. Am Anfang hatte ich Angst, er würde womöglich ausrasten, doch dann sah ich sein Gesicht, er war sichtlich berührt. »Ich habe nicht gewußt oder vielleicht auch nicht wahrhaben wollen, was eine Trennung für ein Kind bedeutet und daß du noch immer darunter leidest. Es tut mir zutiefst leid, Beate.« Mir liefen nur noch die Tränen herunter, ich ließ sie laufen. Mein Vater schloß mich ganz fest in seine Arme und sagte: »Beate, ich liebe dich und habe dich immer geliebt, du bist doch meine Tochter!« Das war es, was ich noch gebraucht hatte. Ein paar Tage später traf ich mich mit meinem Ex-Freund Carlo und erzählte ihm von den Kellerkindern. Ich dankte ihm, daß er die Figur in meinem Drehbuch so perfekt gespielt hat. Seitdem fühle ich mich viel mehr als Frau und nicht mehr als kleines Mädchen, das noch auf den Ersatzpapa wartet.

Annabel
Ich war am Anfang ein wenig hilflos mit dem Schmerz der kleinen Annabel, die ihren Großvater verloren hatte. Ich stellte mir die Frage, wie konnte ich das nachbeeltern? Mir haben die Fragen: Was hat dir gefehlt, was möchtest du gern noch hören, was möchtest du gern noch sagen? weitergeholfen.

Nach einer stressigen Woche hatte ich das Bedürfnis, ich müsse in die Natur. Als ich spazierenging, kam mir die Idee: Ich hatte keinen wirklichen Abschied genommen, war nicht auf der Beerdigung. Ich suchte dann bei meinem Spaziergang durch den Wald nach einer passenden Stelle und fand sie. Eine kleine Lichtung in dem Wald, in dem ich eh so gern wanderte. Ich ging heim und schrieb einen Brief an meinen Großvater mit all dem, was ich ihm noch gern sagen wollte. Ich war einfach nur traurig, aber plötzlich geschah etwas für mich sehr eigenartiges: Ich wurde wütend! Immer wieder kam der Satz in mir hoch: Warum hast Du mich allein gelassen? Ich, also die kleine Annabel, konnte dies nicht verstehen. Warum er einfach so gegangen war. Ich hatte mir gleich nach dem Seminar eine Puppe gekauft, sie sah genauso aus wie ich damals, mit langen braunen Zöpfen. Ich schnappte mir die kleine Annabel, ein paar Blumen aus der Vase, meinen Brief und ging zurück zu der Lichtung. Dort zelebrierte ich eine Beerdigung für meinen Großvater. Ich las meinen Brief laut vor, mit Klein Annabel auf dem Schoß. All meine Traurigkeit und meine Wut konnte ich dort lassen. Es war teilweise richtig unheimlich, denn ich hatte manchmal das Gefühl, als würde mir mein Großvater antworten. Ich fühlte dann Sätze wie: Es hat nichts mit Dir zu tun, es war meine Entscheidung zu gehen. Ich habe Dich sehr geliebt; ich wünsche mir, daß Du glücklich wirst und einen Mann findest, der zu Dir paßt. Drei Monate nach meiner Zeremonie habe ich mich dann auch wieder in einem Mann verliebt, seitdem sind wir ein Paar.

Antonia
Antonia fand in ihrem Drehbuch als größten und vor allen Dingen immer wiederkehrenden Schmerz, daß sie sich ungewollt fühlte. Bei der Durcharbeitung ihrer Lebensleinwand mit den Ex-Freunden stieß sie immer wieder auf das Gefühl der Angst, verlassen bzw. nicht mehr geliebt zu werden – daß man sie auf einmal nicht mehr wolle:

Ich kannte ja all diese Gefühle gut aus meinen Ex-Beziehungen und hatte, wie alle anderen, auch immer geglaubt, es habe ausschließlich etwas mit den Männern zu tun. Natürlich wußte ich aus meiner Geschichte, daß meine Mutter mich nicht wirklich wollte.

Das hatte einen ganz einfachen Grund: Ich war nicht das Kind des Mannes, mit dem sie verheiratet war. Ich begann, mein Kellerkind nachzubeeltern, gab der kleinen Antonia das Gefühl, daß ich sie will, gab uns beiden Zuwendung so oft ich Zeit hatte. Doch irgendwie spürte ich, daß noch etwas nicht wirklich stimmte. Ich hatte kurz nach dem Seminar auch wieder einen Freund und war echt super happy, denn es zeigten sich deutliche Veränderungen. Ein Darsteller, so wie ich ihn mir früher immer gesucht hatte, war mein neuer Freund nicht. Nach ein paar Monaten jedoch mußte ich beruflich für ein paar Wochen ins Ausland. Anfangs war noch alles o.k., aber dann, wenn er mich nicht anrief, ich ihn nicht erreichen konnte, keine Mails kamen, drehte ich fast durch. Diese Angst vor dem Verlassenwerden, sie war wieder da. Ich setzte mich abends hin, sprach mit der kleinen Antonia, nahm ihr Gefühl an – doch dieser Nachbeelterungsprozeß schien irgendwie zu scheitern. Ich war fix und fertig, fühlte mich hilflos, allein. Wenn ich es heute im Rückblick nachempfinde, möchte ich diese Angst wirklich als Todesangst bezeichnen. Ich konnte tagsüber im Büro nicht klar denken und war den ganzen Tag wie gehetzt. Am Abend war ich kraftlos, traurig, wollte meinen Freund anrufen und – wie konnte es anders sein – er war nicht zu erreichen. Die Panik, diese Todesangst, war so groß, daß ich hätte schreien können. Ich setzte mich hin, malte mir die Kellerkinder auf, schrieb und schrieb, immer und immer die gleichen Sätze: Ich habe Angst, wenn ich zurückkomme, bist du nicht mehr da und willst mich nicht mehr. Ich fragte die kleine Antonia immer wieder, um welche Drehbuchseite es sich handelt – keine Antwort. Heute weiß ich, daß ich zu forsch war. Ich habe mich um sie gekümmert, immer mit dem Gedanken im Hinterkopf, ich tue das, damit es endlich aufhört, dieses grauenhafte Gefühl. Ich tat es nicht mit Liebe, Hingabe und wirklichem Wollen, wirklichem Erfahrenwollen, warum sie diese Todesangst hatte.

Am nächsten Morgen passierte dann etwas, was mich heute noch immer sehr nachhaltig beschäftigt. Ich ging zur Metro; da stand an einem Kiosk ein Postkartenständer mit Babypostkarten von Ann Geddes und es traf mich wie ein Stich ins Herz. Ja, das war es. Ich war nicht darauf gekommen, daß das Entstehen meines Drehbuches ja schon in der Schwangerschaft beginnt. Ich war eine Frühgeburt, kam sechs Wochen zu früh auf die Welt und mußte in einen Brutkasten. Ich stand an diesem Kiosk, und mir liefen die Tränen nur so herunter. Ich suchte in meinem Hirn nach Bildern aus dieser Zeit – was sich sofort meldete, war dann mein Gefühl, ja, da war sie wieder: diese Todesangst, diese Panik, dieses Alleinsein. Ich ging heim und meldete mich für den Tag krank, rief meine Mutter an und wollte alles über meine Geburt wissen. Und dann war mir alles klar. Ich lag für mehr als vier Wochen allein in dem Brutkasten, denn damals gab es das noch nicht, daß Mütter bei den Neugeborenen bleiben. Ich spürte die Kälte, die Sterilität – aber keine Mama war da. Nun wußte ich, was ich nachbeeltern mußte. Meine kleine Antonia hatte es nicht erlebt, wie sie auf einen warmen Körper gelegt wurde, wie Hände sie halten, wie liebevolle Augen ihr sagen: Hallo Prinzessin, schön, daß du hier bist. Erschwerend kam noch hinzu, daß meine Mutter ja nicht wirklich glücklich über den neuen Zustand war, als meine Eltern mich dann aus dem Krankenhaus abholten. In dem Telefonat war sie sehr ehrlich und hat mir auch gesagt, daß sie damals das Gefühl hatte, mich nicht wirklich lieben zu können. Mit der Zeit ist es dann besser geworden, doch mit offenem Herzen ist sie mir nie wirklich begegnet. Ehrlich gesagt war ich dankbar, daß ich mit ihr geredet hatte und sie ehrlich zu mir war, denn ich hatte als Kind immer gespürt, dass sie mich nicht wirklich liebte. Es war hart, sehr hart und schmerzhaft, es noch mal aus ihrem Munde zu erfahren, aber trotz all des Schmerzes empfand ich es als Erleichterung.

Da ich ja schon einiges in meinem Drehbuch nachbeeltert hatte, wußte ich, das schaffe ich jetzt auch noch, diesen alten, sehr tiefen und existenziellen Schmerz und Mangel nachzubeeltern. Ich ging in die Stadt, kaufte Kerzen, eine Entspannungs-CD mit Harfenklängen, Briefpapier und ein Badeöl. Wieder im Hotel angekommen, zelebrierte ich ein Willkommensritual für die kleine Antonia. Ich schrieb einen Brief an sie, legte mich nach dem Baden in mein Bett und stellte mir diesen kleinen Wurm vor, wie er gerade geboren wurde. Ich ging als erwachsene Antonia zu dem Arzt, nahm die Kleine auf den Arm und sagte ihr: Schön, daß Du endlich auf dieser Welt bist, herzlich willkommen. Ich brachte sie in den Brutkasten und erklärte ihr, was nun geschieht, und warum das alles für sie wichtig sei. Sie war ängstlich, hatte Panik; ich blieb in meinen Bildern und mit meinem Gefühl bei ihr, und sofort wurde die Angst weniger bis sie dann ganz verschwand. Ich habe über einen Zeitraum von viereinhalb Wochen jeden Morgen und jeden Abend diese Übung gemacht. Ich habe mir vorgestellt, ich sitze am Brutkasten, meine Hand streichelt ihren Körper, ich erzähle ihr Geschichten, ich singe, ich gebe ihr einfach das Gefühl, daß ich da bin, ich sie liebe und ich sie will. Interessanterweise war dann nach diesen viereinhalb Wochen auch meine Geschäftsreise zu Ende, und ich flog wieder heim. Ich war regelrecht selig und fühlte mich frei und mit mir im reinen.

Zwei Tage nach meiner Ankunft besuchte ich meine Mutter. Als ich kam, schien sie irgendwie zu wissen, daß etwas geschehen war. Sie stand in der Küche, schaute mich an, legte ihr Geschirrhandtuch zur Seite, nahm mich in die Arme und hielt mich. Sie hielt mich fest wie noch nie in meinem ganzen Leben. Diese Umarmung dauerte eine Ewigkeit, und dann sagte sie: »Antonia, ich weiß, ich habe Fehler gemacht, die ich heute nicht mehr rückgängig machen kann, doch ich möchte, daß du weißt, es tut mir sehr leid, daß ich dir nicht mehr geben habe, daß ich dich nicht so lieben konnte, wie du es verdient gehabt hättest. Es hatte mit dir nichts zu tun, und es war nicht richtig, daß du darunter gelitten hast.« Ich war geplättet und konnte nichts mehr sagen.

Hätte mir zuvor jemand gesagt, daß meine Mutter zu derartigen Gefühlsäußerungen in der Lage ist, ich hätte es nicht geglaubt. Es hat mich zutiefst berührt, und ich war einfach nur dankbar. Heute haben wir ein sehr schönes Verhältnis. Es wird nie so herzlich werden wie vielleicht bei anderen, das ist mir klar. Ich bin – ehrlich gesagt – auch ziemlich stolz auf mich, daß ich nicht gekniffen und die Verantwortung für meinen Nachbeelterungsprozeß übernommen habe. Vielleicht war das sogar der Schlüssel, der dann auch meiner Mutter half.

Dies ist schon mehr als ein Jahr her, und meine Partnerschaft ist nach wie vor wundervoll. Ich brauche keinen Darsteller mehr, der diese Drehbuchseiten mit mir durchspielt. Und die Gefühle sind nie wieder aufgetaucht.

Hendrik
Ich saß im Seminar vor meinem riesigen Plakat, auf dem ich all die Übungen gemacht hatte. Da war die Lebensleinwand, der Rucksack mit den Altlasten und dann in großen Buchstaben mein Liebescode. Während ich all dies noch einmal las, füllten meine Augen sich mit Tränen, und dann kam die Bombe aus meinem Bauch gekrochen. Ein solches Gefühl hatte ich vorher noch nie gehabt. Ich weiß noch, wie Katja Sundermeier sich damals neben mich setzte, mir die Hand auf den Rücken legte und sagte: »Ja, Hendrik, es ist o.k. zu hassen, erlaube dem kleinen Hendrik in dir dieses Gefühl. Weißt du eigentlich, wie es dazu kommt, daß Kinder hassen?« Ich schüttelte den Kopf. »Kinder können erst dann hassen, wenn sie zuvor sehr geliebt haben, denn Haß ist die andere Seite der Medaille.«

Dieser Satz beruhigte mich sehr. Ich blieb sitzen und gab meinem Haß die Erlaubnis dazusein. Ich versuchte zu verstehen, was in dem kleinen Jungen vor sich gegangen sein mußte, bis er soweit war, seine Mutter zu hassen. Ich traute es mich fast nicht zu sagen, aber mein Haß war so groß, daß ich sie hätte umbringen können. Ich hörte ihre Sätze wieder in meinem Ohr »Tu dies nicht, mach das nicht, das kannst du nicht, das sollst du nicht, das ist nicht gut für dich, dann hab ich dich nicht mehr lieb« und so weiter. Wenn ich meine Mutter brauchte, wies sie mich ab. Malte ich für sie oder pflückte ihr Blumen, gab es nie ein »Oh, wie schön, vielen Dank«. Der kleine Hendrik fühlte sich so, als würde er mit seiner Liebe und seinen Bedürfnissen ständig ins Leere laufen, dabei brauchte er seine Mutter doch. Sein Liebescode lautete daher: Je weniger du mich willst und je mehr du mich ablehnst, um so mehr liebe ich dich. Ich verstand den Zusammenhang, als ich mir die Erlaubnis gab, mein Haßgefühl zu spüren. Für die ganzen Verletzungen, die ich empfand, habe ich meine Mutter gehaßt, aber ich wußte als kleiner Junge einfach nicht, wohin mit meinem Gefühl. Ich konnte ihr doch nicht sagen, daß ich sie haßte! Oft habe ich mir gewünscht, daß sie fortgeht und nicht mehr wiederkommt. Da gab es niemanden, der sich des kleinen Hendriks erbarmt hätte. So hat er beschlossen: »Diesen Haß will ich nie wieder fühlen, dann liebe ich dich eben noch mehr.« Am Abend des gleichen Tages habe ich meiner Mutter einen 30seitigen Brief geschrieben mit allem, was mir einfiel. Beim Schreiben hatte ich dann das Gefühl, raus in den Wald zu müssen, es war so, als wolle auch mein Körper den Haß, den er all die Jahre gebunkert hatte, loswerden. Ich stiefelte im Stockfinsteren durch den Wald und fing an, erst ganz leise mit meiner Mutter zu reden, dann immer lauter, bis ich am Schluß nur noch geschrien habe: »Ich hasse dich, ich hasse dich.« Ich sagte ihr all die Dinge, die ich ihr früher nie gesagt hatte und auch nicht mehr sagen kann, denn sie ist schon viele Jahre tot. Als der ganze Haß draußen war, setzte ich mich auf einen Baumstamm und wurde sehr traurig. Dann fühlte ich eine solche Liebe in mir, daß ich nur noch sagen konnte: »Mama, ich habe dich so liebgehabt, warum warst du nur so gemein zu mir?« Ich spürte die Hilflosigkeit des kleinen Jungen, und es tat richtig weh, denn auf diese Frage wird es für ein Kind niemals eine befriedigende Antwort geben. Das habe ich in dem Augenblick verstanden. Jetzt konnte nur noch ich etwas durch meine Nachbeelterung verändern. Aber ich habe zugleich begriffen, daß Eltern noch lange »sehr lebendig« sein können und daß es für mich gar nicht so wichtig war, es meiner Mutter persönlich zu sagen – es mußte nur raus aus mir. Das wiederum war mir nur möglich, weil ich dem kleinen Hendrik die Erlaubnis gegeben hatte, diesen Haß zu spüren. Nach dem Seminar schrieb ich alle Sätze, die ich in meinem Drehbuch aufgespürt hatte, um – natürlich auch meinen Liebescode. Ich habe ein Recht auf Liebe, darauf, geliebt zu werden, ich werde gut und liebevoll behandelt, und ich liebe dort, wo auch ich geliebt werde. Ich ging am Wochenende oft in den Wald und erklärte dem kleinen Hendrik, was Liebe ist. Es war so, als würde ich mit meinem eigenen Sohn durch die Gegend laufen. Eins muß ich noch erwähnen: Bei dem kleinen Hendrik hatte sich richtig festgesetzt, daß alle Frauen so waren wie seine Mutter: gemein, verletzend und ständig nörgelnd. Ich bin deshalb oft in Gedanken mit ihm auf Partys oder in die Firma gegangen, so als wären wir zwei Männer von einem anderen Stern und lernten jetzt zum erstenmal die Frauen kennen. So begriff auch der Kleine, daß Frauen ganz anders sein können. Diese Frauen konnten wir vorher nie sehen, da sie nicht ins Drehbuch paßten. Ich habe meine jetzige Freundin auf dem Single-Seminar kennengelernt. Wir unterstützen uns gegenseitig bei den Nachbeelterungsprozessen, und es macht riesig Spaß, unsere Erkenntnisse gemeinsam umzusetzen.

Sie sehen, der Phantasie sind beim Nachbeelterungsprozeß keine Grenzen gesetzt. Tun Sie das, was Ihr Gefühl Ihnen sagt.

Drittes Etappenziel

Sie sind fast am Ziel angekommen. Hier, am dritten Streckenabschnitt unserer Reise, sollten Sie

> mit Ihrem Kellerkind verbunden sein,
> einen liebevollen Umgang mit Ihrem Kellerkind pflegen,
> wissen: Erst ist Ihr Kellerkind dran, dann die anderen – es gibt nichts Wichtigeres!
> sofort wissen, daß Ihr Kellerkind mit Ihnen kommuniziert, wenn Sie sich traurig, einsam, niedergeschlagen, kraftlos, depressiv, wütend, eifersüchtig, ängstlich, schuldig ... fühlen,
> wissen, was Ihrem Kellerkind gefehlt hat und vielleicht noch fehlt,
> sich Ihrem Kellerkind sofort widmen, wenn es sich meldet,
> Ihre Nachbeelterung begonnen haben,
> Ihr Kellerkind mit seinem Gefühl ernst nehmen,
> nicht diejenigen in Schutz nehmen, die Ihr Kellerkind verletzen oder verletzt haben,
> wissen, daß Ihr Kellerkind ein Recht auf sein Gefühl und sein persönliches Erleben einer Situation hat,
> Ihr Kellerkind mit jedem seiner Gefühle annehmen und ihm das geben, was es in jeder Situation gerade braucht,
> andere Menschen aus Ihrem Drehbuch entlassen, um den Nachbeelterungsprozeß eigenverantwortlich zu übernehmen.

Teil IV
Das Abschlußritual

Vorsicht, Falle!

Sie haben ein »Wunder«-volles Leben mit allem, was Sie brauchen, geschenkt bekommen. Sie sind eine einzigartige Frau, ein einzigartiger Mann – und da draußen wartet schon Ihr Partner auf Sie.

Und damit dieser Partner in Ihrem Drehbuch schnellstens die Rolle von Mrs./Mr. Right übernehmen kann, müssen Sie noch einmal den Bleistift spitzen, um das folgende hervorragende Experiment durchzuführen.

Stellen Sie sich einfach vor, ich als gute Fee stünde mit einem großen Zauberstab in der Hand vor Ihnen und Sie würden sich – wie bei einem Versandhaus – Ihren Partner oder Ihre Partnerin bestellen. Was würden Sie mir antworten, was würden Sie bestellen? Keine Hemmungen bitte, schreiben Sie alles, aber auch alles auf, was Ihnen einfällt:

Blättern Sie bitte nicht um, bevor Sie diese Seite ausgefüllt haben! Warum, erfahren Sie auf der nächsten Seite.

Ich hoffe, Sie haben beim Auflisten der Eigenschaften von Mr. und Mrs. Perfect keinen Schreibkrampf bekommen. Nicht umsonst habe ich diesen Absatz »Vorsicht, Falle!« genannt. Insgeheim hoffe ich natürlich, daß Sie mir nicht in die Falle gegangen sind. Sie verstehen nicht, was ich meine? Na gut, dann werde ich Sie jetzt aufklären. Nach all der Arbeit, die Sie bisher geleistet haben, reicht der Satz **»Ich wünsche mir den Partner / die Partnerin, der / die zu mir paßt«**, denn Sie bekommen doch sowieso keinen anderen!

Wenn Sie diesen Satz hier eingefügt haben, herzliche Gratulation, denn Sie haben die Simply-Love®-Strategie begriffen.

Falls Sie etwas anderes geschrieben haben, muß ich Ihnen leider empfehlen, sich noch mal dem ersten Kapitel zu widmen – sorry, aber hier ist nachsitzen angesagt. Nur derjenige, der sein Lebensdrehbuch umgeschrieben, sprich, sein Kellerkind nachbeeltert hat, muß sich keine Gedanken mehr über die Eigenschaften des neuen Partners machen. Es wird der Richtige sein! Ich kann Ihnen trotzdem noch eine gute Nachricht für den Rest des Weges mitgeben: Alles, was Sie in dieser Übung aufgeschrieben haben, ist noch nachzubeeltern!

Dazu nun noch mal eine Zeichnung:

Nachsitzen:
Hier sind einige Dinge im Drehbuch noch nicht nachbeeltert!

- Er / sie soll zärtlich sein.
- Er / sie soll mich unterstützen.
- Er / sie soll Zeit für mich haben.
- Ich muß ihm / ihr vertrauen können.
- Ich will Spaß mit ihm / ihr haben.
- Er / sie muß treu sein.
- Er / sie soll mich lieben, so wie ich bin.

- Mich hat keiner gestreichelt.
- Um mich hat sich niemand gekümmert.
- Es hatte keiner Zeit für mich.
- Alle haben mich verletzt, ich kann niemandem vertrauen.
- Ich war immer allein.
- Meine Schwester wurde mir immer vorgezogen.
- Mich hat keiner so geliebt, wie ich bin.

Solange es noch eine Stimme in Ihrem Inneren gibt, die sagt: »Ich will aber, daß er mich liebt, ich will einen Mann, der sich um mich kümmert, ich will eine Frau, die nicht nörgelt, die anerkennt, was ich leiste« und so weiter, ist das ein sicheres Indiz dafür, daß Ihr Nachbeelterungsprozeß noch nicht abgeschlossen ist.

Denn wenn sich die kleine Prinzessin, der kleine Prinz in Ihnen geliebt, anerkannt, geborgen und umsorgt fühlen würde, dann stünde dies in Ihrem Drehbuch, und es wäre eine Selbstverständlichkeit für Sie, den passenden Darsteller zu bekommen.

In der folgenden Zeichnung sehen Sie einen abgeschlossenen Nachbeelterungsprozeß. Und wie weit sind Sie? Zu gern würde ich jetzt Ihr Kellerkind befragen, wie sich denn die neuen »Eltern« so machen. Was glauben Sie selbst, was würde mir Ihr Kellerkind antworten? »Ja, ich fühle mich geliebt, ich bekomme die Zeit, Zuwendung, Wertschätzung, die ich brauche.« Wenn dem so ist, dann freue ich mich riesig, denn dann steht dem neuen Darsteller, der neuen Darstellerin nun nichts mehr im Wege – oder?

Alles ist getan:

> Du bist einzigartig, und es ist schön, daß es dich gibt.
> Ich liebe dich, und bin für dich da.
> Ich werde dich nie wieder verlassen.
> Ich kümmere mich um dich und um deine Bedürfnisse.
> Ich habe Zeit für dich, wann immer du mich brauchst.
> Du darfst und kannst mir vertrauen.
> Ich liebe dich, so wie du bist.
> Du bist genauso, wie du bist, o. k.

> Klasse, das paßt zu mir, die Rolle will ich gerne übernehmen.
> Ich liebe dich.
> Ich gebe dir das, was du brauchst.
> Ich bin für dich da.
> Ich schätze und respektiere dich.
> Ich will dich, so wie du bist.

> Ich fühle mich geliebt.
> Ich fühle mich geborgen.
> Ich bin so, wie ich bin, und so bin ich o. k.
> Es ist immer jemand für mich da.
> Ich bin glücklich.
> Ich werde geliebt und geschätzt.
> Ich werde mit Achtung und Respekt behandelt.

Widerstände vor dem Finale

Gibt es nun noch etwas, daß Sie daran hindert, Ihrem Mann / Ihrer Frau zu begegnen? Was glauben Sie, was fühlen Sie?

Stellen Sie sich folgende Szene vor: Sie sind unterwegs – ganz gleich, wo – ob beim Essen, Shoppen, beim Friseur, Arzt, im Urlaub, auf einer Geschäftsreise, einer Party oder an einem anderen Ort, den Sie sich vorstellen möchten. Und da ist auf einmal dieser Mensch, der Ihre Aufmerksamkeit auf sich lenkt – und diese Frau/ dieser Mann hält ein großes Plakat in der Hand. Sie können darauf lesen:

Ich warte schon so lange auf Dich. Ich möchte Dich kennenlernen. Ich möchte genau mit Dir, diesem einzigartigen Menschen, der Du bist, zusammensein. Ich möchte Dir nah sein, zärtlich sein, gemeinsame Stunden – wo auch immer – mit Dir verleben. Ich möchte Dich lieben und eine gemeinsame Zukunft mit Dir aufbauen.

Wie geht es Ihnen bei diesem Gedanken? Was fühlen Sie? Spüren Sie ein eindeutiges »Ja, ich will!«, oder regt sich in Ihrem Inneren noch ein Widerstand, ein Gefühl, das etwas anderes sagt? Was sagt Ihr Kellerkind dazu? Wie fühlt es sich?

Sie wissen ja, Widerstände sind etwas Natürliches und gut. Wenn Ihr Gefühl an dieser Stelle noch kein hundertprozentiges »Ja« ist, sollten wir uns unbedingt noch einmal diesem Gefühl widmen.

In diesem Fall ist es das sinnvollste, sich die Lebensleinwand aufzuzeichnen.

Zum besseren Verständnis führe ich hier eine Reihe von Widerständen auf:

> Ich habe Angst.
> Ich fühle mich überfordert.
> Ich schaffe das nicht.
> Und was ist, wenn es nicht klappt?
> Ich habe aber damals beschlossen, ich will nie eine Familie haben und Kinder will ich auch nicht.
> Ich will nicht heiraten.
> Lieber bleibe ich allein, als das alles noch mal zu fühlen.
> Ich habe noch nie positive Erfahrungen gemacht.
> Wenn ich diesen Schmerz noch einmal ertragen muß, sterbe ich.
> Ich kann nicht mehr.
> Ich will nicht mehr.
> Das bringt doch alles nichts, es ist wieder nicht der Richtige.
> Ich bleibe allein.
> Ich gebe auf.
> Ich habe resigniert.
> Ich habe keine Kraft mehr, mich zu bemühen. Ich bin doch gar nicht so toll und lustig. Ich bin so traurig, klein, schwach, ängstlich. Wenn das einer sieht, dann läuft er gleich weg, und davor habe ich Angst. Das will ich nicht noch mal erleben. So mag mich doch keiner. Ich bin so allein.

Sollten Sie hier noch einen Widerstand aufgespürt haben, ist das ein Zeichen dafür, wie akribisch Sie arbeiten. Loben Sie sich dafür! Wenn an dieser Stelle noch Ängste, Trauer oder alte Gelübde und Schwüre auftauchen, ist es sehr wichtig, diesen noch einmal nachzugehen.

Ich bin selbst nach so vielen Jahren Arbeit mit der Simply-Love®-Strategie fasziniert und manchmal auch erschüttert, wie lange ein Kellerkind immer wieder auf sich aufmerksam macht. Aber kaum ein Mensch versteht die Botschaften dahinter, und daher wissen die meisten nicht, daß es sich lediglich um das alte Drehbuch handelt. Welch schmerzhafte Wege müssen manche Menschen immer wieder gehen, nur weil sie nichts vom Kellerkind mit seinem Drehbuch wissen.

Wenn Sie einen Widerstand spüren, sollten Sie dieses Gefühl annehmen. Sagen Sie ihm »Ja, du darfst dasein, ich übergehe dich nicht. Ich spüre dich und öffne dir mein Herz mit Verständnis, Achtung, Wertschätzung und Liebe«. Anhand der Sätze, die Sie aufgeschrieben haben, sehen Sie genau, was Ihr Kellerkind noch braucht oder gegen welchen Beschluß, gegen welche Gelübde die neue Partnerschaft verstoßen würde. Geben Sie Ihrem Kellerkind die Information, die es damals gebraucht hätte. Ihr Kind ist heute kein Opfer der Umstände mehr, denn es ist von niemandem mehr abhängig. Sie sind ja schließlich da, um es zu beschützen und zu lieben.

Nun ist alles getan – fast alles. Sie haben es gleich geschafft.

Achtung: Frühwarnsystem

Nachdem Sie nun richtig fit im Umgang mit Ihrem Kellerkind geworden sind, möchte ich Ihnen noch ein kleines Frühwarnsystem an die Hand geben. Bevor Sie sich hochmotiviert Hals über Kopf in eine neue Beziehung stürzen, lesen Sie die Geschichte von Heidrun.

Heidrun hatte im Rahmen unserer gemeinsamen Arbeit ein sehr gutes Verhältnis zu ihrem Kellerkind aufgebaut und lernte dann im Job einen äußerst netten Kollegen kennen. In einer Einzelstunde berichtete sie mir von ihm mit den folgenden Worten: *»Er sieht klasse aus, ist total nett, hat mich gleich eingeladen und verdient bestimmt auch sehr gut!«* Ihre Augen leuchteten. »O je«, dachte ich mir, »da braucht das Kellerkind aber noch schnell eine Nachhilfestunde.«

Heidrun hatte immer unter der Unzufriedenheit und Traurigkeit ihrer Mutter gelitten, die eigentlich gerne Lehrerin geworden wäre, zugunsten von Heidrun aber darauf verzichtet hatte. In der Ehe gab es emotionale Probleme, die jedoch von beiden Eltern nicht angeschaut wurden. Lieber machten sie ihre finanzielle Situation für diese Probleme verantwortlich. Sie können sich sicherlich vorstellen, was Heidrun in ihrem Drehbuch abgespeichert hatte. Ihr Kellerkind hatte gelernt: »Hätten wir mehr Geld, dann wäre meine Mama glücklicher, dann würden sich meine Eltern nicht so oft streiten« und »Wenn ich nicht da wäre, dann bräuchten meine Eltern nicht so viel Geld«. Ihre Eltern bemühten sich natürlich, ihr Geschenke zu machen, schenkten aber immer mit dem Satz: »Eigentlich können wir uns das gar nicht leisten.« So kam zu allem Übel noch ein permanent schlechtes Gewissen für Heidrun hinzu. Jedesmal, wenn sie etwas geschenkt bekam, hatte sie das Gefühl, es gar nicht verdient zu haben, und sie fühlte sich schuldig. Also beschloß die kleine Heidrun: So wie meiner Mutter soll es mir nicht ergehen. Ich heirate mal einen ganz reichen Mann, der kauft mir alles, und dann sind wir glücklich und zufrieden. Im Rahmen der Übungen fand Heidrun schnell heraus, daß ihr Kellerkind einem großen Irrtum unterlag. Das Geld war nicht der Grund für das Unglücklichsein der Eltern und die ständigen Streits. Ihre Eltern liebten sich eigentlich gar nicht, trauten sich aber nicht, sich das einzugestehen und sich zu trennen.

Am Ende unserer Stunde schlug ich Heidrun vor, mit Hilfe des »Frühwarnsystems« sich ihre neue Bekanntschaft anzuschauen.

»Heidrun, stell dir bitte vor, die kleine Heidrun sitzt auf deinem Schoß und ist glücklich und zufrieden. Dann stell dir vor, daß ihr gemeinsam zu deiner Verabredung mit Peter, deinem Arbeitskollegen, geht. Wie fühlt ihr beide euch mit Peter?«

»Irgendwie komisch, es ist anders als die letzten Male.«

»Wie reagiert Peter auf euch?«

»Auch irgendwie komisch. Es kommt mir so vor, als wolle er nur was mit der großen Heidrun zu tun haben. Sie soll ihn bewundern und klasse finden, was er alles geleistet hat, was er für ein tolles Auto fährt und daß er reich ist.«

»Wenn du dir nun Peter anschaust, wo ist denn *sein* Kellerkind?«

»Ach je, das will unbedingt auf meinen Schoß. Jetzt erkenne ich in dem Bild auch, daß meine kleine Heidrun will, daß er ihr was schenkt, und daß sie sich nur deshalb so gut gefühlt hat, weil er Geld hat.«

»O.k. Wenn die kleine Heidrun weiter auf deinem Schoß sitzenbleibt, wie ist dann dein Gefühl Peter gegenüber, als möglichem neuen Partner?«

»Das ist jetzt aber wirklich zu dumm! Da ist nicht mehr dieses Gefühl von ›Der ist aber toll‹ und so. Es nervt mich eher, und wenn ich ehrlich bin, dann finde ich ihn eigentlich ganz schön langweilig.«

»Dann bedank dich für die schöne Stunde heute bei der kleinen Heidrun.«

Drei Tage nach ihrer Verabredung berichtete Heidrun mir, daß genau das Gefühl, das bei der Arbeit mit dem Kellerkind aufgetaucht war, auch beim Rendezvous mit Peter vorgeherrscht hatte und sie diese Verbindung nicht weiter vertiefen wollte.

In dem Augenblick, in dem Ihr Kellerkind von seiner Not, seiner Verletzung geheilt ist, verändert sich sofort der Eintrag auf Ihrer Festplatte beziehungsweise in Ihrem Drehbuch, und der Darsteller, der vor einer Woche noch passend war, paßt nicht mehr. Allerdings besteht die Möglichkeit, daß der von Ihnen gebuchte Darsteller bereit ist, eine veränderte Rolle in Ihrem Drehbuch zu übernehmen.

Die einzelnen Schritte des Frühwarnsystems:

> Visualisieren Sie Ihr Kellerkind.
> Setzen Sie sich Ihr Kellerkind gedanklich auf den Schoß.
> Stellen Sie sich dann den neuen Partner / die neue Partnerin vor. Wählen Sie eine Situation aus einer möglichen gemeinsamen Zukunft aus, und spielen Sie sie durch.
> Wie reagiert Ihr Kellerkind, wie fühlt es sich?
> Wie fühlen Sie sich in der Situation?
> Wie reagiert Ihr neuer Partner darauf, daß Sie nun zu zweit sind?
> Wo ist das Kellerkind Ihres Partners? Hoffentlich auf dem Schoß seines Besitzers!
> Wie geht Ihr zukünftiger Partner mit seinem Kellerkind um?

Sie können diesen Test jederzeit anwenden,

> wenn Sie sich nicht sicher sind, wie Sie mit einer bestimmten Person verbunden sind – ob als Erwachsener oder als Kellerkind,
> wenn Sie jemand Neuen kennengelernt haben,
> wenn Sie überprüfen wollen, ob sich das Kellerkind des anderen auf Ihrem Schoß befindet,
> wenn Sie prüfen wollen, ob sich Ihr Kellerkind auf dem Schoß des anderen befindet,
> nach einem Konflikt, wenn die andere Person nicht anwesend ist; so können Sie testen, um welche Drehbuchseite es sich gerade handelt.

Der Wendepunkt

Wir sind auf unserer gemeinsamen Reise nun fast am Ziel angekommen. Na, sind Sie bereit, sich in die Fluten zu stürzen? Sich in dem Gefühl der Liebe zu sonnen, in dem Gefühl des Angenommenseins zu baden, Ihr Herz zu öffnen, um die Schätze, die in Ihnen sind, auch anderen Menschen zu zeigen, Ihr Herz offenzuhalten für die vielen Momente des Glücks, die unzähligen liebevollen Begegnungen, die nun auf Sie warten. Keinen Tag Ihres Lebens müssen Sie auf Zuwendung, Achtung, Respekt, Wertschätzung, Verständnis, Vertrauen, Mitgefühl – ja, auf Liebe verzichten, wenn Sie bereit sind, die Liebe in sich weiterleben zu lassen.

Wir sind einen langen Weg miteinander gegangen, und Sie können sich sicher sein, beim Schreiben dieses Buches habe ich oft an die vielen hungrigen Kellerkinder da draußen gedacht – und da war mir Ihres auch sehr nah.

Sie haben alles, was Sie benötigen, um zu lieben und um geliebt zu werden. Vertrauen Sie sich, und fühlen Sie die Liebe, die Sie in sich tragen. Ich verspreche Ihnen, wenn Ihr Herz einmal geöffnet ist, brauchen Sie nie wieder auf Liebe in Ihrem Leben zu verzichten.

Nachdem Ihr Drehbuch nun umgeschrieben ist, Ihr Kellerkind sich durch Ihre Hilfe, Ihren Mut und Ihr Vertrauen bedingungslos geliebt fühlt, steht dies auch in Ihrem Drehbuch.

Irgendwo da draußen wartet bereits der Mann / die Frau auf Sie – auf diesen einzigartigen liebenswerten Menschen, der Sie sind.

Es kann heute oder morgen geschehen, daß Sie Ihrem neuen Darsteller begegnen. Sie haben jedenfalls alles getan, was dafür nötig ist, um nun auch im Außen der Liebe Ihres Lebens zu begegnen.

Noch eine Frage zum Schluß:
Wie lautet der neue Titel Ihres Drehbuchs?

Teil V
Erfolgsstorys

Erfahrungen mit der Simply-Love®-Strategie

Um Ihnen Mut zu machen, nun ein paar Erfahrungsberichte von Personen, die mit der Simply-Love®-Strategie zur Liebe ihres Lebens gefunden haben.

Stefan

Meine Freunde haben mir das Seminar zum Geburtstag geschenkt, als ich 30 wurde. Ich galt in unserem Freundeskreis als der Exot. Ich hatte immer tolle Frauen, meist aus irgendwelchen fremden Ländern dieser Erde. Ich fand viel Beachtung, und manchmal, glaube ich, beneideten mich wohl meine männlichen Freunde. Ich selbst glaubte, glücklich zu sein – zumindest meistens. Meine Beziehungen hielten nie lang, aber ich führte ein aufregendes Leben. Ich weiß, daß mein Freundeskreis es irgendwann satt hatte, sich alle zwei bis drei Monate wieder an eine neue Frau an meiner Seite zu gewöhnen, sie wurde ja doch bald wieder durch eine andere ersetzt.

So saß ich dann irgendwann in einem Single-Seminar. Wenn ich heute daran zurückdenke, dann sehe ich mich als den störrischsten Seminarteilnehmer dieses Kurses – der überhaupt keine Probleme hatte und geschweige denn ein Kellerkind besaß. Ich glaube, ich war wirklich eine harte Nuß. Irgendwann während des Seminars platzte auch bei mir der Knoten; ich weiß noch, wie mir heiß und kalt wurde, als es um den Rucksack der Vergangenheit ging. Ich wollte mit dieser ganzen Gefühlsduselei nichts zu tun haben. Ich bin Computerprogrammierer und eher für die harten Fakten. Letztlich hat mich die Simply-Love®-Strategie dann doch überzeugt, weil ich mit ihr meinen Problemen auf den Grund gehen kann. Sie erlaubt mir, Rückschlüsse zu ziehen, warum in meinem Leben Dinge nicht so laufen, wie ich es mir wünschen würde. Seit dem Seminar vergeht keine Woche, in der ich mir nicht Zeit für mich nehme und mittels dieser Strategie mich und mein Umfeld, meinen Job, meinen Umgang mit meinen Mitarbeitern überprüfe. Ich bin wesentlich toleranter geworden, nicht mehr so gehetzt, habe nicht mehr das Gefühl, mich ständig beweisen zu müssen. Gerne gebe ich meine Erfahrung an meine männlichen Artgenossen weiter: Die Simply-Love®-Strategie funktioniert! Seit einem Jahr bin ich mit meiner Freundin zusammen. Wir suchen gerade gemeinsam eine neue Wohnung, und ich kann mir ein Leben, wie ich es vor diesem Seminar geführt habe, nicht mehr vorstellen.

Heute kann ich sagen, ich weiß zum erstenmal in meinem Leben wirklich, was Liebe ist. Was es heißt, jemanden zu lieben und auch bereit zu sein, Liebe anzunehmen.

Ein Tip für die Männer: Mein Kellerkind heißt ganz pragmatisch Stefan junior.

Anna

Meine Lebenssituation war chaotisch. Ich liebte einen Mann, der mich nicht liebte. Aus heutiger Sicht sehe ich es so, daß ein Teil von mir, die kleine Anna, die sich so sehr nach Liebe, Nähe, Zärtlichkeiten sehnte, diesem Mann alles gab, was er von ihr haben wollte. Was er wollte, war allerdings lediglich Sex – zwischen uns existierte keine echte Liebe. Ich habe es mir damals wohl einbilden wollen. Mein Kellerkind kannte ich noch nicht, obwohl es sich immer wieder mit unguten Gefühlen und Ängsten bei mir meldete. Vom Kopf her war mir klar, daß dieser Mann mir nicht guttat. Aber ich war paralysiert, wie gefesselt. Außer mir selbst bemerkte jeder in meinem Freundeskreis, daß es nicht o. k. war, wie dieser Mann mit mir umging und was ich mit mir machen ließ. Nach langem Hin und Her hatte mich eine gute Freundin dann endlich soweit, daß ich mich beim Single-Seminar anmeldete.

Dort habe ich zum erstenmal erfahren, welchen Hintergrund mein Verhalten und diese fast krankhafte Abhängigkeit von diesem Mann hatte. Als ich auf mein Kellerkind und meine Kindheit aufmerksam wurde, spürte ich sofort meine Ängste. Es durchfuhr meinen Körper wie ein Blitz. Es tat weh zu erkennen, welches Chaos in meinem Leben herrschte. Das alles ertrug ich in der Hoffnung auf Aufmerksamkeit, Zärtlichkeit, Nähe, nach denen sich mein Kellerkind so sehr sehnte. Als ich von dem Seminar zurück war, passierte etwas ganz Irres. Ich hatte mein Drehbuch umgeschrieben, war aber noch ein wenig skeptisch, ob sich dadurch im Außen etwas ändern würde. Plötzlich erhielt ich eine SMS meines Partners, in der er mit mir

Schluß machte. Ich hatte noch nicht mit ihm gesprochen, aber er paßte nun nicht mehr in mein Drehbuch, und schon passierte es, er kündigte die Rolle in meinem Drehbuch. Ich war wirklich geplättet. Was für mich aber das Schönste war: Ich war weder traurig, noch spürte ich diese schreckliche Verlustangst, die ich so gut kannte und die mich vorher stets davon abgehalten hatte, mich von meinem Partner zu trennen. Ich war erleichtert und glücklich zugleich.

Zwei Monate später ging ich mit einer Gruppe von Singles, die sich alle zwei Wochen trifft, zum Essen. Die Idee, daß Singles sich zum Essen treffen, ist super. Frau geht nun mal nicht gerne alleine essen. Wenn man sich aber einer Gruppe anschließt, lernt man neue Restaurants und Leute kennen. Mir ging es nicht darum, einen Partner kennenzulernen, ich wollte lediglich unter Leuten sein. Neben mir saß Georg, mit dem ich mich den ganzen Abend nett und witzig unterhielt. Er bemühte sich um mich, wir verabredeten uns für den nächsten Tag und sind seit dieser Zeit ein Paar. All das konnte nur passieren, weil ich mich endlich der kleinen Anna gewidmet und ihr Drehbuch umgeschrieben habe.

Die Arbeit mit meinem Kellerkind und meinem Drehbuch hat mir meine Augen und mein Herz geöffnet. Ich habe jetzt eine positivere Ausstrahlung und sehe alles sonniger. Die Erfahrung war zunächst schmerzhaft, dann befreiend. Ich bin geduldiger und ruhiger geworden, achte besser auf mich und meine Gefühle und Bedürfnisse. Ich grenze mich besser ab und habe gelernt, nein zu sagen. Ich werde es nicht mehr zulassen, daß meine Gefühle vergewaltigt werden.

Barbara

Bevor ich im Seminar mit meinem Kellerkind in Verbindung kam, war ich zu keinen tiefen Emotionen mehr fähig. Ich konnte sie einfach nicht zulassen. Und weil ich den Menschen um mich herum, egal ob es Kollegen oder Freunde waren, gefühlsmäßig nichts geben konnte, kam von ihnen natürlich auch nicht viel zurück. Manchmal hatte ich das Gefühl, unsichtbar zu sein. Einen Tag nach dem Seminar war das schon anders. Plötzlich war eine Verbindung zu den anderen da. Das war unheimlich schön. Alles in meiner Außenwelt hat sich verändert, weil ich mich wieder lebendig fühlte. Auf einmal hatte ich wieder Interesse an anderen Menschen. Und noch schöner ist, daß zirka vier Monate nach dem Seminar etwas Unglaubliches passiert ist. Ein Mann aus meinem Fitneß-Studio, der mich nie beachtet hatte, obwohl ich ihn mindestens schon ein Jahr lang klasse fand, kam plötzlich auf mich zu und sagte: »Ich möchte dich gerne kennenlernen.« Noch unglaublicher: Innerhalb von zwei Wochen wurden wir ein Paar. Durch meine Beschäftigung mit meinem Kellerkind kann ich heute viel besser mit Dingen umgehen, die mir unangenehm sind oder vor denen ich Angst habe. Wenn eine solche Situation auftaucht, unterhalte ich mich mit meinem Kellerkind und kann dadurch das Unbehagen auflösen. Außerdem bin ich jetzt zum erstenmal in meinem Leben in der Lage, in einer Beziehung Gefühle zu äußern. Früher hätte ich mir eher »die Zunge abgebissen«, als einem Mann zu sagen, daß ich ihn liebe. Heute erscheint es mir ganz natürlich, ihm das zu sagen.

Katrin

Ich war unzufrieden und unglücklich mit mir und meinem Single-Leben und fühlte mich oft allein. Daher suchte ich nach innerem Frieden und Gleichgewicht. Für mich war es neu zu erfahren, daß ich alte Verletzungen aus meiner Kindheit immer noch mit mir herumtrug und mir in der Gegenwart immer wieder ähnliche Situationen suchte. Ich wende das Kellerkinder-Modell nun schon einige Zeit an, es ist mir in Fleisch und Blut übergegangen. Ich lebe bewußt mit meinem Kellerkind, nehme es oft an die Hand oder in den Arm, wenn es Angst hat oder eine schwierige Situation zu bewältigen ist. Ab und zu sehe ich etwas beim Einkaufen und merke genau, daß das Kind in mir große Augen bekommt und sich diesen Gegenstand von ganzem Herzen wünscht. Dann muß ich immer etwas in mich hineinschmunzeln, kaufe es und bin glücklich über diese tiefe Empfindung. Früher bin ich aus Frust zum Shoppen gegangen. Ich fühle mich in mir ruhend, geordnet, sicher und kann mit Situationen, die alte Wunden wachrufen, viel besser umgehen. Ich kann unterscheiden, was alte Situationen aus meinem Drehbuch und was neue Probleme sind. Mit der Simply-Love®-Strategie lassen sich alle Situationen gut bewältigen.

Die Arbeit mit meinem Kellerkind hat mir geholfen, eine große Trauer in mir zu verarbeiten, die mich früher »schwer gemacht« hat. Ich kann jetzt eine wunderbare und harmonische Beziehung führen. Für mich war es faszinierend zu erleben, was alles aus meiner Kindheit wieder hochgekommen ist, Dinge, die ich schon lange aus dem Gedächtnis gestrichen hatte beziehungsweise von denen ich glaubte, sie seien gar nicht mehr da. Aber mit jeder neuen Reaktion meines Kellerkindes auf bestimmte Situationen und durch die Aufarbeitung dieser Erfahrungen bin ich ein Stück leichter, glücklicher und zufriedener geworden. Das ist ein unglaublich tolles Gefühl! Und ich habe mein Gewicht um 20 Kilo reduzieren können – ohne Diät. Sechs Monate nach dem Seminar habe ich meinen jetzigen Freund kennengelernt. Ich kann nun gut mit schwierigen Situationen und Streitigkeiten umgehen, da ich deutlich erkenne, daß mein Freund mich nicht verletzen will, sondern daß er gerade als Darsteller in meinem Drehbuch spielt. Dann nehme ich mein Kellerkind auf den Arm, erkläre ihm die Situation, tröste es oder beschütze es. Auch in meiner Beziehung ist es ein tolles Gefühl, auszufiltrieren, was mit meinem Kellerkind oder mit dem meines Partners passiert, welches von den beiden gerade Streicheleinheiten braucht und auf den Arm genommen werden möchte. Und wenn ich zu meinem Kellerkind eine Verbindung hergestellt habe, fühle ich, wie stark die Liebe zwischen uns fließen kann. Es ist auch im Job hochinteressant, die Simply-Love®-Strategie anzuwenden, da hier ebenfalls oft die alten Drehbuchseiten gespielt werden. Im Endeffekt will doch nur jeder geliebt und auf den Arm genommen werden. Ich bin sehr froh, gelernt zu haben, mit meinem Kellerkind zu leben und es zu lieben. Denn nur, wenn ich es so annehme, wie es ist, kann Harmonie, Zufriedenheit und Liebe in meinem Leben und meiner Beziehung sein.

Als Erwachsene kann ich alte bekannte Situationen mit neuen Erfahrungen besetzen. Ich kann mein Drehbuch umschreiben, wie ich es will, und es funktioniert!

Roger

Ich war unzufrieden mit meinem Leben und stellte meine gesamte Lebenssituation in Frage. Mir war bewußt, daß ich ein Problem, und zwar das Thema Frauen, bisher verdrängt hatte. Ich lebte, um zu arbeiten, zehn bis zwölf Stunden am Tag und oft auch am Wochenende. Im nachhinein ist mir bewußt, daß ich es zum Teil deswegen machte, um mich nicht mit mir auseinandersetzen zu müssen. Schließlich wurde mir klar, daß ich alleine nicht weiterkommen würde und es an der Zeit war, etwas zu ändern. Weil ich noch nie eine längere Beziehung gehabt hatte, schämte ich mich, mit Freunden über mein Problem zu reden. Dann sah ich in einer Fernsehsendung einen Bericht über das Single-Seminar. Im Seminar erfuhr ich, daß es ein Kellerkind in mir gibt, ich nenne es das Gefühl im Bauch, eine innere Stimme, die für meine Bedürfnisse, Empfindungen und Gefühle spricht. Mir leuchtete das Modell sehr schnell ein, und ich fand es unglaublich, wie unser Drehbuch immer und immer wieder abgespult wird. Ich weiß noch, wie schnell ich begann, die Verantwortung für mein Kellerkind zu übernehmen. Ich war 35 Jahre alt und wollte nicht länger allein durchs Leben laufen. So habe ich mich nach diesem Seminar jeden Tag eine halbe Stunde mit meinem Kellerkind beschäftigt.

Und was soll ich sagen, es hat mein Leben komplett verändert: die Art und Weise, wie ich mich spüre, was ich fühle, wie ich reagiere. Wie ich meine Mitmenschen erlebe und mit ihnen umgehe. Die Simply-Love®-Strategie hat mir geholfen, mich besser kennenzulernen, mich zu akzeptieren, mir zu vertrauen und mein Leben so einzurichten, wie es mir gefällt, und so, daß ich mich wohl fühle. Aufgrund des Kontakts zu meinem Kellerkind mußte ich zunächst hart an mir selbst arbeiten, und ich machte heftige Gefühlsschwankungen durch. Daraus resultierten Konflikte mit meiner Familie und mit bestimmten Freunden. Denn die Darsteller paßten nun ja nicht mehr in mein Drehbuch. Aber im Endeffekt hat es mir geholfen, zu mir selbst zu stehen und dem Leben zu vertrauen.

Da ich die meiste Zeit in Kontakt mit meinem Kellerkind stehe, habe ich stets meine Empfindungen und Bedürfnisse »parat«. Ich kann mich selbst spüren. Ich kann ehrlich und offen mit Freunden über mich und natürlich auch über deren Probleme sprechen. Ich habe das Gefühl, mir selbst treu zu sein. Und was das wichtigste ist, ich habe jetzt eine Frau an meiner Seite, mit der ich sehr, sehr glücklich bin. Zuvor hatte ich bei meinen Beziehungen immer nur das Gefühl, eine Affäre zu haben, nie war es so, daß ich wirklich zu einer Frau gestanden hätte. Das hat sich grundlegend geändert. Ich habe auch das erste Mal das Gefühl, eine Familie gründen zu wollen.

Roswitha

Mein Leben verlief nach außen ziemlich normal und beruflich sehr erfolgreich. Ich galt als starke Frau. Alles perfekt, bis auf das Thema Männer. Die, die ich wollte, wollten mich nicht.

Die Verletzungen meiner Kindheit hervorzuholen war teilweise sehr schmerzhaft, aber danach fühlte ich mich regelrecht befreit. Depressionen waren seit meinem 16. Lebensjahr zeitweise ein großes Problem für mich, zudem konnte ich mir selbst nicht erlauben zu weinen. Diese Schwäche wollte ich nicht zulassen. Durch das Arbeiten mit der Simply-Love®-Strategie haben sich meine Depressionen sehr verbessert, und wenn ich jetzt mal wieder in einer Krise stecke, dann kann ich mir aus eigener Kraft helfen. Das hilft ungemein, und auch mein Umfeld freut sich sehr darüber. Inzwischen habe ich den richtigen Mann für mich kennengelernt und geheiratet. Einen Mann, den ich vorher gar nicht gesehen hätte, mit dem ich nicht hätte umgehen können. Man sagt ja zu Recht, wenn man sich selbst verändert, verändert man auch die Umwelt. Nachdem ich mich so stark weiterentwickelt hatte, machte mein Vater, der Alkoholprobleme hatte, eine Therapie. Er ist seit eineinhalb Jahren trocken, und wir haben jetzt wieder einen sehr herzlichen Umgang.

Angekommen

Schlußwort

Und nun wird es Zeit für Ihre Erfolgsstory, denn das können Sie auch! Ich weiß, daß es jeder Mensch kann, der es wirklich will.

Vielleicht fragen Sie sich, woher ich diese Gewißheit nehme – ich nehme diese Gewißheit aus einem tiefen Wissen, aus meiner eigenen Lebens-, Leidens- und Liebeserfahrung und natürlich aus den Erfahrungen, von denen mir all die Menschen berichtet haben, die die Simply-Love®-Strategie anwenden.

Ich bin nicht besser als Sie, ich fühle nicht anders als Sie. Ich bin vielleicht einen längeren Weg gegangen – ich kannte ja diese Strategie noch nicht –, aber auch ich war auf der Suche nach Liebe, bedingungsloser Liebe. Ich hatte ein Kellerkind, das niemand wirklich kannte oder sehen wollte, das große Verletzungen erlebt hatte und sich mit seinem erlebten Mangel arrangierte. Ich suchte nach dem Mann, den meine Eltern für mich wollten, in der Hoffnung, damit endlich die Anerkennung zu bekommen, nach der ich mich so stark sehnte. Ich glaubte, Gefühle wie Haß und Angst gar nicht zu kennen; ich war die Nette, die Liebe, die Brave, die nichts brauchte, alles allein konnte und für jedes Problem eine Lösung hatte. Ich war die Einsame, die Unglückliche und so weiter. All die vielen Jahre war ich getrieben von dem Wunsch nach Liebe, Zärtlichkeit, Verständnis, Achtung, Spaß, Lust – nach einem Menschen, der mir endlich all das geben sollte.

Dabei entdeckte ich erst ziemlich spät, daß ich an den Menschen, der meinem Kellerkind am nächsten ist, überhaupt nicht gedacht hatte, an mich selbst. Dabei ist es eigentlich so einfach! Und das beste war die Tatsache, daß ich entscheiden konnte, ob ich mich verließ, ob ich mich verletzte, ob ich mich liebte, ob ich mich achtete, ob ich mich beschützte – zu erkennen, daß alles in mir selbst vorhanden war und ich es mir nur selbst geben mußte. Alles, was an Zuwendung, Wertschätzung, Liebe dann noch von außen kam, stellte einen zusätzlichen Gewinn dar.

So schrieb ich mein Drehbuch um, beelterte die kleine Katja nach. Auch ich habe geweint, geflucht, gehaßt, Angst gehabt, geliebt – genau wie Sie.

Und dann – nein, es geschah kein Wunder – lernte ich einen Mann kennen, der jetzt als Darsteller in meinem Drehbuch spielt. Ich schaue gerade in die Augen dieses Mannes, der mir nun all das gibt, was ich mir selbst gebe, so wie es die kleine Katja inzwischen gewöhnt ist. Sie würde sich auch nicht mehr mit weniger zufriedengeben – wieso auch? Ich bin zur Liebe meines Lebens gereist – zu mir. Erst dann konnte dieser Mann in mein Leben treten.

Und was schon so viele andere Menschen vor Ihnen geschafft haben, das schaffen Sie auch!

Ein bißchen an sich arbeiten müssen Sie allerdings. Leider habe ich die Methode, bei der man nur noch eine Pille schlucken muß, noch nicht gefunden. Aber sagten nicht schon die alten Griechen, daß die Götter vor jeden Erfolg den Schweiß gesetzt haben?

Von ganzem Herzen wünsche ich Ihnen, daß sie genausoviel Freude bei der Arbeit mit der Simply-Love®-Strategie haben wie ich.

Seitdem ich Single-Seminare halte, bekomme ich Rückmeldungen von Teilnehmern, die berichten, was sich seit der Arbeit mit der Simply-Love®-Strategie in ihrem Leben verändert hat. Ich war auf vielen Verlobungen, Hochzeiten und Taufen eingeladen und freue mich für jeden einzelnen, dem es gelingt, sein Lebensdrehbuch zum Positiven zu verändern. Leider habe ich hier nur wenig Platz für die vielen »Wunder«-vollen Lovestorys, von denen ich höre. Ich danke allen Teilnehmern ganz herzlich für das mir entgegengebrachte Vertrauen und die Rückmeldungen. Ich hoffe, daß niemand traurig ist, dessen Story nicht in dieses Buch aufgenommen werden konnte.

Ich schreibe gerade an einem neuen Buch, denn wenn Sie sich verlieben, ist Ihre Reise nicht zu Ende – nein, dann geht sie erst richtig los, sie hat nur ein anderes Ziel. Vielleicht haben Sie Lust, mit mir auf eine neue Reise zu gehen?

In Liebe für Sie und Ihr Kellerkind
Katja Sundermeier
Münsing, im März 2004

P. S. Wenn Sie Lust haben, dann schreiben Sie mir doch Ihren Reisebericht an folgende E-Mail-Adresse: katja@seychelles.net

Simply Love®: Die Vision

Im Rahmen meiner letzten Ausbildung wurden wir dazu aufgefordert, eine Vision, ein Bild vom Ziel unserer Arbeit zu kreieren. Bevor mein Ausbilder den Satz zu Ende gesprochen hatte, verspürte ich schon ein warmes Kribbeln in meinem Bauch. Wärme durchflutete meinen Körper, vor meinem inneren Auge entstand ein Bild der Erde, und ich schaute diese Erde an. Das Bild wurde schärfer, ich erkannte Konturen von Flüssen, Meeren, Wüsten, Wäldern, und irgendwann erblickten meine Augen Deutschland. Ich sah dort Menschen mit rosafarbenen Herzen – und da fühlte ich sie wieder, die »Warum-Frage«. Warum waren diese Herzen nicht rot und blinkten? Während ich mir diese Frage stellte, spürte ich, wie mir jemand ein Streichholz in die Hand gab. Ich ging auf den ersten Menschen zu, berührte mit meinem Streichholz sein Herz und … es entflammte. Ich ging zum zweiten, dritten Menschen, immer weiter, und überall um mich herum waren mehr und mehr rotblinkende Herzen zu sehen. Da begriff ich, daß ich nicht zu jedem einzelnen gehen mußte, um dessen Herz zu entzünden, sondern daß derjenige, dessen Herz bereits blinkte, einfach weitergehen konnte, um die nächsten Herzen zu entzünden. Und so breitete sich dieses Licht und diese Wärme langsam über den gesamten Erdball aus. Das Schönste für mich in diesem Augenblick war das Gefühl, daß ich auf meine »Warum-Frage«, die Frage, die mich so lang beschäftigt hatte, nun eine Antwort bekam.

Liebe ist ein Gut, das allgegenwärtig ist und das wir benötigen wie die Luft zum Atmen. Liebe entscheidet nicht, zu wem sie geht und zu wem nicht. Sie ist überall. Wir müssen nur unsere Herzen für sie öffnen, um sie hereinzulassen, und begreifen,

daß Liebe das einzige Gut der Welt ist, das mehr wird, wenn wir es verschenken.

Ich habe in den letzten Jahren in Seminaren und Therapien und nun mit diesem Buch einen Teil dieser Vision umgesetzt. Jetzt möchte ich mit **Simply Love**® erreichen, daß sich Herzen entzünden und dieser Funke weitergetragen wird. Ich würde mich sehr freuen, wenn auch Sie diesen Funken in Zukunft weitergeben.

Danksagung

Auf meiner Reise haben mich sehr viele Menschen begleitet. Es gab viele Menschen, denen ich helfen durfte, und Menschen, die mir geholfen und mich unterstützt haben. Ich möchte allen hiermit gern »danke« sagen.

Mein ganz besonderer Dank gilt:
- Meinen Eltern, die mir mein Leben schenkten.
- Meiner Freundin Gabi, die den langen Weg mit mir ging.
- Iris, die in zahllosen Nachtschichten das Material für dieses Buch in Form gebracht und mir immer wieder neue Impulse gegeben hat. Ohne sie wäre dieses Buch bestimmt nie fertig geworden.
- Klaus, der es mir ermöglichte, dieses Buch im Paradies zu schreiben, und Roland für die technische Unterstützung auf der Insel.
- Meinen Freunden: Maria, Manu, Bibo & Uli, Vicky, Thomas & Axel, Gerdchen, Irene, Elke, Gerti, Timur & Heike, Katja B. für die viele Energie, die ich von Euch bekommen habe.
- Meinen vielen Klienten und Seminarteilnehmern, von denen ich lernen durfte und die mir ihr Vertrauen geschenkt haben.
- Meinem Kellerkind, der kleinen Katja, die mich die ganzen Jahre auf Trab gehalten und nicht aufgegeben hat.
- Und zu guter Letzt auch Britta Egetemeier und Bettina Feldweg für die angenehme und herzliche Zusammenarbeit – und dem Piper Verlag, der mir die Möglichkeit gibt, meine Vision in die Tat umzusetzen.

Ellen Fein und Sherrie Schneider

Die Kunst, den Mann fürs Leben zu finden
»The Rules«. Aus dem Amerikanischen von Renata Platt.
176 Seiten. Serie Piper

Männer sind Jäger und begehren nur stolzes Wild – davon gingen die beiden Autorinnen aus und landeten einen großen Hit! 34 Regeln und 12 Extratips legen sie allen heiratswilligen Frauen ans klopfende Herz. Klar, frau nimmt schon immer ihr Glück selbst in die Hand – aber bitte nicht stürmisch! Keinesfalls schon vorsorglich zwei Kinokarten kaufen und nach dem Mittwoch keine Einladung mehr für den Samstag annehmen! Denn eine der grundlegenden Regeln heißt: machen Sie sich rar! Auch sollten Sie ihm immer die Führung überlassen. Außerdem gilt, nicht zu schnell weich werden. Das alles hat Ihnen schon Ihre Großmutter gepredigt? Sie meinen, heute, im Angesicht von Emanzipation und Berufstätigkeit, sollte frau sich anders verhalten? Das Verblüffende an diesen Binsenweisheiten ist jedoch, daß sie immer noch wirken.

Ellen Fein, Sherrie Schneider

flirt.m@il
Die Kunst, den Mann fürs Leben im Netz zu angeln. Aus dem Amerikanischen von Heike Schlatterer.
285 Seiten. Serie Piper

Flirt-Mails, Kontaktbörsen und Chatroom-Affären machen Spaß und sind unverfänglich. Aber was tun, damit aus dem ersten Kontakt mehr wird? Wie erkennt man, welcher Absender Mr. Right ist und ob er es wirklich ernst meint? Und was ist beim Online-Dating unbedingt zu beachten? Nach ihrem weltweiten Bestseller »Die Kunst, den Mann fürs Leben zu finden« verraten die Autorinnen jetzt die wichtigsten Regeln und besten Tips fürs Web – damit der Traummann in natura hält, was er online verspricht.

»Amüsant und geistreich – perfekt für weibliche Singles.«
Gala

Sasha Cagen

Singles aus Leidenschaft

Quirkyalone für Anfänger.
Aus dem Amerikanischen von
Ursula Bischoff. 160 Seiten
mit 92 Abbildungen. Serie Piper

Quirkyalone ist das Manifest einer neuen Single-Generation: die stolze, kluge, witzige, herzliche Absage an den Pärchenwahnsinn. Die vergnügten Singles genießen es, allein zu sein. Sie haben nichts gegen Liebe, erst recht nichts gegen Sex, nur brauchen sie zum Glück keine nervtötenden Beziehungen, sagte sich Sasha Cagen und gründete eine rasend schnell wachsende Single-Bewegung, die von San Francisco aus die Welt erobert: Verlieb dich ins fröhliche Alleinsein! Ein Buch, so romantisch, so revolutionär, so einzigartig wie alle, die mit sich allein sein können.

»In Deutschland sind 13 Millionen Menschen solo – und bereit für die Botschaft: Schluß mit traurig!«
Focus

Sybille Schrödter

Endlich der Märchenprinz und andere Katastrophen

13 Böse Geschichten. 191 Seiten.
Serie Piper

Endlich der Richtige und andere Irrtümer. Was tun wir nicht alles, um ihm zu begegnen? Quälen uns im Fitneßstudio, schlagen uns in den angesagtesten Bars die Nacht um die Ohren und halten uns wegen der neuesten Diät beim Dessert zurück. Doch wenn wir dem Mann fürs Leben endlich begegnen, erkennen wir ihn dann? Und was tun wir, wenn er sich als Irrtum entpuppt? Carolin zum Beispiel hat da eine ganz spezielle Methode ... In dreizehn witzig-bösen Geschichten geht Sybille Schrödter der Frage nach Mr. Right auf den Grund.

»Welch extreme Verbiegungen die Heldinnen der Geschichte in Kauf nehmen, um ihrem Adonis zu imponieren und ihn seinerseits in das enge Kostüm eines Märchenprinzen zu zwängen, das ist einfach urkomisch.«
Westdeutscher Rundfunk

SERIE PIPER

Nicola Sternfeld

Ferien mit frechen Kerlen
Die schönsten Geschichten.
240 Seiten. Serie Piper

Was täten wir nur ohne sie? Sie cremen uns den Rücken ein, bringen uns leckere Drinks an den Pool und gehen mit uns abends auf die Piste! Deswegen: Freche Kerle dürfen in den Ferien nicht fehlen. Sie garantieren Spaß und viele schöne Stunden. Sie wissen, was Frauen wollen, und das nicht nur in den Ferien: Manch einer ist so nett, der darf dann mit nach Hause. Da ist Ben, der es Alexandra ganz besonders angetan hat, oder der smarte John, der Irene einen unvergeßlichen Urlaub schenkt ... Gaby Hauptmann, Franziska Stalmann, Wiebke Lorenz und viele andere Autorinnen sind in diesem ganz besonderen Urlaubsbuch vertreten.

Ingelore Ebberfeld

Küss mich
Eine unterhaltsame Geschichte der wollüstigen Küsse. 251 Seiten mit 69 Abbildungen. Serie Piper

Ob Handküsse, Bruderküsse oder Freundschaftsküsse – die Palette an verschiedenen Kußarten ist breit. In Ingelore Ebberfelds Buch jedoch geht es nur um das eine: den eindeutig erotischen Kuß. Wie sich Männer und Frauen in aller Welt küssen, wie in früheren Zeiten geküßt wurde, weshalb der wollüstige Kuß lange Zeit als unzüchtig galt – all das verrät Ingelore Ebberfeld in ihrer farbigen und unterhaltsamen Kulturgeschichte des lustvollen Küssens.

»Mit Wonne durchforstet Ingelore Ebberfeld den Fundus der erotischen Weltliteratur von der Bibel bis hin zum Playboy und zu Kontaktanzeigen, fördert kuriose Bräuche und Mythen zutage und ist dabei erfrischend tabufrei und angenehm nüchtern.«
Süddeutsche Zeitung

SERIE PIPER

Gute-Nacht-Geschichten für Frauen, die nicht einschlafen wollen

Herausgegeben von Michaela Kenklies. 208 Seiten. Serie Piper

Kennen Sie das? Schlafloses Herumwälzen im Bett, nächtliche Wanderungen zum Kühlschrank oder einfach keine Lust zum Schlafen? Dann ist dieses Buch für Sie genau richtig! Vierzehn Gute-Nacht-Geschichten versüßen Ihnen die nächtlichen Stunden mit witzigen, erotischen und hintergründigen Erzählungen, denn was ist kurzweiliger als das Leben anderer Menschen, ihre Sehnsüchte, ihre Abenteuer, ihre Liebschaften ... Mit Witz und Charme schreiben vierzehn Erfolgsautorinnen und Erfolgsautoren über Männer und Frauen, darunter über Pam, die bei Cowboys schwach wird, über Lisa, die knackige Männerpos hinreißend findet, oder über den liebeskranken Postboten – für gute Unterhaltung ist gesorgt mit diesen Betthupferln zum Vorlesen oder Selberlesen. Lassen Sie sich überraschen!

Gute-Nacht-Geschichten für Männer, die nicht einschlafen wollen

Herausgegeben von Ingrid Kahl. 143 Seiten. Serie Piper

Endlich gibt es eine Alternative zu Schäfchenzählen, Baldrian oder Sex.
Am Mann getestet und für gut befunden sind die Geschichten dieses Buches mit siebzehn Betthupferln für ihn, wenn er noch unbedingt unterhalten sein will, wenn er sich schlaflos wälzt oder wenn sein Sägewerk nicht zum Stillstand kommt. Die Autorinnen – darunter Brigitte Kronauer, Katja Lange-Müller, Regula Venske und Alissa Walser – liefern amüsante und erotische, komische und bissige Szenen aus dem Liebes- und Eheleben unserer Tage, vor denen jedes Nachtgespenst flüchtet.

»Was für eine pfiffige Idee!«
Der Bund, Bern

SERIE PIPER

Gute-Nacht-Geschichten für zwei
die nicht einschlafen wollen. Herausgegeben von Michaela Kenklies. 208 Seiten. Serie Piper

Sie haben schon alles ausprobiert? Liebe machen, Witze erzählen und mitternächtliches Pastakochen? Aber ihr Bettgefährte will immer noch nicht einschlafen? Dann lesen Sie ihm doch zur weiteren Unterhaltung einfach eine der zwölf Gute-Nacht-Geschichten vor: Walter Moers erzählt von Rumo, dem jungen Wolpertinger und seiner Reise durch den gefahrvollen Kontinent Zamonien, Bettina Hesse von den Jahreszeiten des Verlangens und Jakob Hein von den Formen menschlichen Zusammenlebens ... Erotisch, witzig und hintergründig – ein Geschenkbuch für Nachtlichter beiderlei Geschlechts.

Doris Burger
Der Sex-Knigge
davor – dabei – danach. 224 Seiten. Serie Piper

Für Singles und Paare, Wiedereinsteiger und Seitenspringer: Sind Sie souverän in allen Liebeslagen? Oder fühlen Sie sich beim Liebesspiel mitunter von Stilfragen gequält? Der Sex-Knigge sagt Ihnen, wie Sie von der ersten Berührung bis zum Hauptmenü den richtigen Ton treffen, Lustkiller gekonnt umschiffen und auch einen Fauxpas humorvoll ausbügeln. Selbst für den galanten Abgang gibt es Tipps, denn schließlich wollen Sie positiv in Erinnerung bleiben und sich auch splitternackt keine Blöße geben. Im Sex-Knigge finden Sie die Antworten auf alle drängenden Fragen des täglichen Liebeslebens. Ein Ratgeber für alle, die wunderbaren Sex haben wollen – denn nur wer die Spielregeln kennt, kann sich lustvoll fallen lassen.

Kathrin Fischer, Sandra Maravolo

Liebe satt

Was Paare wirklich antörnt.
224 Seiten. Serie Piper

Oftmals dauert die Liebe länger als die Lust. Aber ist es dann noch Liebe? Geht das überhaupt: jahrelang ein Paar sein und trotzdem noch vor Begehren dahinschmelzen? Leicht ist das nicht, geben Sandra Maravolo, die optimistische Expertin mit eigenem Sexshop, und Kathrin Fischer, die eher skeptische Journalistin, zu, aber es ist möglich! Die beiden schlagfertigen Freundinnen spielen sich die Bälle zu, aus dem theoretischen Lager an die Beziehungsfront und zurück. Sie wissen, wie man den bösen Fallen »Double income no sex«, Babys im Bett oder dem Schweigen der Männer entkommt. Mit ihrer einzigartigen Kombination aus Erfahrung und Wissen, Pragmatik und Humor sagen sie dem Lustfrust den Kampf an. Ein Buch für Lang-Liebende!

Edith Einhart

Kleine Liebesschule für Frauen

205 Seiten. Serie Piper

Alles was Spaß macht, ist entweder unmoralisch, verboten oder macht dick – doch das muß nicht sein! Edith Einhart spricht alle Fragen der Liebe offen an: Wo findet man den Traummann, wie merkt man, daß er der Richtige ist, wie behält man ihn und wie wird man ihn notfalls wieder los? Darf im Bett gelacht werden? Was hilft gegen Liebeskummer? Sachkundig und locker gibt Edith Einhart Antwort und eröffnet die Geheimnisse der perfekten Liebhaberin: die Kunst des Küssens, erotische Liebesspiele und die besten Sextechniken, die ihn richtig heiß machen. Ein vergnüglicher Ratgeber, der prickelnde Gefühle weckt und schon beim Lesen Lust auf mehr macht!

SERIE PIPER

SERIE PIPER

Kathryn Eisman
Schuhe lügen nicht

Was sie uns über Männer verraten.
Aus dem Englischen von Ursula Bischof. 112 Seiten mit Illustrationen der Autorin. Serie Piper

Wir Frauen haben es immer schon gewußt: Ein Blick auf die Füße verrät mehr als tausend Worte. Ob legere Camper, klassische Schnürschuhe, kultige Pumas oder luftige Flip-Flops – die Lieblingsschuhe des Mannes sind der Schlüssel zu seinem wahren Ich. 44 Männertypen hat Kathryn Eisman mit ihren Charakterstärken und Schwächen anhand ihrer Fußbekleidung ausgemacht. Zu welchen gehört der Mann Ihres Herzens?

»Originelle Tips und humorvolle Einsichten in die Spezies Mann.«
Sonntagsjournal

Brenda Kinsel
Neues aus der Umkleidekabine

Richtig shoppen, super aussehen.
Aus dem Amerikanischen von Edith Winner. 240 Seiten mit farbigen Illustrationen von Jenny Philips. Serie Piper

Richtig gut aussehen und shoppen mit Spaß! Ob ins Büro, zum romantischen Dinner oder zum Kindergeburtstag, ob Luxusweib oder Schnäppchenjägerin, gertenschlank oder kräftig, blond oder brünett: Brenda Kinsel, erfolgreiche Stilberaterin, verrät Ihnen, wie Sie für jede Gelegenheit perfekt gekleidet sind und wie Sie Ihren Kleiderschrank ohne Geld- und Zeitverschwendung optimal bestücken können. Außerdem bietet sie eine umfassende Typberatung: Finden Sie heraus, welche Kleidung perfekt zu Ihnen paßt – für jeden Anlaß, jeden Geldbeutel, jede Figur.

»Vom Zaubern mit Schals über Accessoires und die Brille bis hin zu Kleidung – zu jedem Thema hat sie ein paar pfiffige Tips!«
Die Welt

Brenda Kinsel
Wie man einen Badeanzug kauft
Stil- und Modetips für Frauen. Aus dem Amerikanischen von Edith Winner. 216 Seiten mit farbigen Illustrationen von Jenny Phillips. Serie Piper

Mit dem Kleiderkaufen verhält es sich wie mit den Männern: Man sollte nur die wählen, die einen hundertprozentig überzeugen. Brenda Kinsel, Imageberaterin und erfolgreiche Busineßfrau, verrät allen modebewußten Frauen, wie sie perfekt gestylt durchs Leben kommen: angefangen beim Ausmisten Ihres Kleiderschranks über die Wahl der richtigen Kleiderfarbe bis hin zur Form der Ohrringe, die Ihnen schmeicheln. Damit das Shopping nicht im Frust endet und Sie zu jedem Anlaß das passende Outfit tragen. Ein witziger und nützlicher Lifestyle-Ratgeber für jede Frau.

»Dank Brenda Kinsel habe ich meinen ganz eigenen Stil gefunden.«
Isabel Allende

Anna Johnson
Drei schwarze Röcke
Was jede Frau zum Überleben braucht. Aus dem Amerikanischen von Ursula Bischoff. 328 Seiten. Serie Piper

Basic Living – alles, was dazugehört.
Der sexy Mini, seriös bis zum Knie oder lang und elegant – für jede Gelegenheit der richtige Rock. Doch neben dem perfekten Outfit brauchen Frauen zum Überleben heute noch viel mehr. Anna Johnson gibt die besten Tips für Finanzen, Karriere und Lifestyle, für Wellness, Romantik und Verführung. Selbst an die wichtigsten CDs für jede Stimmung ist gedacht und an das raffinierteste Kochrezept für die beste Freundin, die getröstet werden muß. – Eine gelungene Kombination aus charmantem Benimmbuch und modernem Lifestyle-Ratgeber.

Katja Sundermeier
Der Beziehungsführerschein

Mit Simply Love auf Dauer glücklich. 216 Seiten
mit 34 farbigen Illustrationen von Christiane Gerstung.
Klappenbroschur

»Wie konnte ich nur so blind sein!« »Ich habe mich komplett in ihr getäuscht.« »Er nutzt mich bloß aus.« »Die paßt doch nicht zu mir.« Statt im siebten Himmel eine gemeinsame Zukunft zu planen, stehen viele Paare nach der ersten Verliebtheit vor zerstörten Träumen, Tränen, Trennung. Schnell suchen wir die Schuld beim Partner. Dabei sind es meistens unbewußte Verhaltensmuster, die uns in einer Beziehung immer wieder an die Grenzen des Ertragbaren bringen und für Zoff sorgen.
Die renommierte Psychotherapeutin Katja Sundermeier setzt an eben diesen wunden Punkten der eigenen Persönlichkeit an. Sie entwickelte die erfolgreiche Simply-Love-Strategie® – eine Anleitung, die Ihnen zeigt, was Sie allein oder zu zweit tun können, um Ihre große Liebe mit Vollgas durch viele, viele Jahre zu steuern.